Vente des 5 et 6 Juin 1905

(HÔTEL DROUOT)

CATALOGUE

DE

GRAVURES ANCIENNES

ET MODERNES

EN NOIR ET EN COULEUR

CARTES ET PLANS ANCIENS, LIVRES, ETC.

DESSINS, LITHOGRAPHIES, CARICATURES
COSTUMES, NOMBREUX PORTRAITS, VUES DIVERSES
BELLES RELIURES DE L'ÉPOQUE ROMANTIQUE

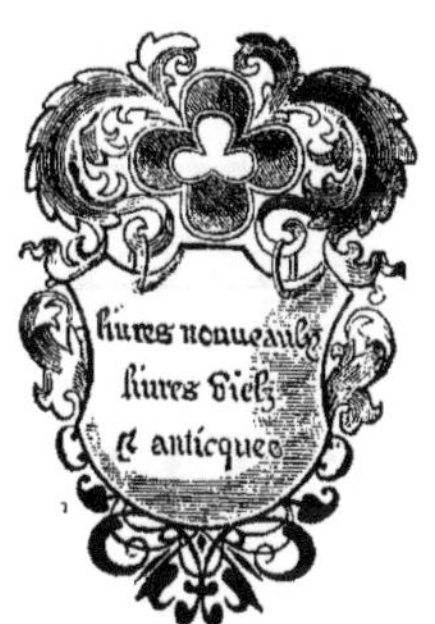

PARIS
EM. PAUL ET FILS ET GUILLEMIN
Libraires de la Bibliothèque Nationale
28, RUE DES BONS-ENFANTS, 28

1905

EM. PAUL ET FILS ET GUILLEMIN

Libraires de la Bibliothèque Nationale

28, RUE DES BONS-ENFANTS, 28

LA CARICATURE POLITIQUE

EN FRANCE

PENDANT

LA GUERRE, LE SIÈGE DE PARIS ET LA COMMUNE

(1870-1871)

PAR

JEAN BERLEUX

(Maurice Quentin-Bauchart)

Beau volume grand in-8°, tiré à petit nombre et orné de figures **reproduisant les principales caricatures**. — Prix :

Exemplaire sur papier vélin du Marais. . . . . . . **25 fr.**
— sur papier du Japon . . . . *Épuisé.*

Cet ouvrage, presque épuisé, est le plus complet qui ait été fait jusqu'à ce jour. C'est en somme le catalogue détaillé de toutes les Caricatures parues pendant la Guerre, le Siège de Paris et la Commune. Il sera pour l'histoire un curieux *Monumentum* du dévergondage de la rue à cette époque. Illustré d'environ **quatre-vingts reproductions** choisies parmi les plus curieuses ou les plus rares, il présente un aspect chatoyant qui doit plaire non seulement aux amateurs passionnés de cette époque, mais aussi à tous les connaisseurs et à tous les bibliophiles.

MANUEL

DE

L'AMATEUR D'ILLUSTRATIONS

GRAVURES ET PORTRAITS

POUR L'ORNEMENT DES LIVRES FRANÇAIS ET ÉTRANGERS

Par J. SIEURIN

Un volume in-8, beau papier teinté, broché. . . . . . **6 fr.**
Grand papier de Hollande. . . . . **15 fr.**

Cet ouvrage est un excellent guide pour les amateurs de livres à vignettes, indispensable pour l'illustration des livres français et étrangers. Il renferme sur les différents états des suites de curieux détails que M. Sieurin seul connaissait ; il peut être illustré de planches détachées.

Les exemplaires sur grand papier sont presque épuisés.

Tours, Imp. Tourangelle, 20 22, rue de la Préfecture.

LA VENTE AURA LIEU

Les Lundi 5 et Mardi 6 Juin 1905

A DEUX HEURES PRÉCISES DU SOIR

A L'HOTEL DES COMMISSAIRES-PRISEURS, 9, RUE DROUOT

SALLE N° 10

Par le ministère de **Me MAURICE DELESTRE**, Commissaire-Priseur

5, RUE SAINT-GEORGES, 5

Assisté de **MM. ÉM. PAUL et FILS et GUILLEMIN**, Libraires-Experts

28, RUE DES BONS-ENFANTS, 28

ORDRE DES VACATIONS

PREMIÈRE VACATION.	— *Lundi*	*5 Juin*	*1905*........	178	à	351
DEUXIÈME VACATION.	— *Mardi*	*6 Juin*	*1905*........	37	à	177
— —	—	—	—	1	à	36

CONDITIONS DE LA VENTE

La vente se fait expressément au comptant

Les adjudicataires paieront 10 pour cent en sus des enchères.

Les Experts se réservent la faculté de vendre séparément les articles réunis sous un seul numéro.

Les livres devront être collationnés dans les vingt-quatre heures de l'adjudication. Passé ce délai ils ne seront repris pour aucune cause.

EXPOSITION, *28, rue des Bons-Enfants*, les vendredi 2 et samedi 3 juin, de 2 heures à 4 heures.

Les Libraires chargés de la vente rempliront, aux conditions d'usage, les commissions des personnes qui ne pourraient y assister.

CATALOGUE

DE

GRAVURES, LITHOGRAPHIES

CARTES, PLANS, LIVRES, ETC.

GRAVURES ET LITHOGRAPHIES

I. DESSINS. — SUJETS DIVERS, CARICATURES, COSTUMES, ETC.

1. MARTIN DES BATAILLES (Attribué à J.-B. Martin, dit). Combat de cavalerie. — *Dessin original à la plume rehaussé d'aquarelle*, sous passe-partout et cadre doré.

   Très joli dessin des premières années du XVIIIe siècle, en forme de frise. — Largeur : 430 mill. — Hauteur : 40 mill.

2. Monnier (Henry). Un homme causant avec une grisette. — *Dessin original à la mine de plomb*, signé et daté de 1821, sous verre.

   Hauteur : 150 mill. — Largeur : 100 mill.

3. Noivon. *Camp de Chalons* : *1866*. (Un maréchal devant un mur.... trois officiers de son état-major attendant à distance respectueuse). — *Dessin à l'aquarelle*, sous verre.

   Hauteur : 298 mill. — Largeur : 235 mill.

4. RAFFET. Soldats autrichiens. — *Deux dessins originaux au crayon rehaussés d'aquarelle*, sous cadres noir et or.

   De la *Collection San Donato*.
   Hauteur des dessins : 360 mill. — Largeur : 250 mill.

5. Vues de Nice. — 2 grands *dessins à l'aquarelle* exécutés vers 1820, par *Mion-Raynaud, pour M. le major d'Ewald.*

   Vue de la Terrasse, prise des Ponchettes de Nice. — Vue de la place Victoire.
   Hauteur : 250 mill. — Largeur : 500 mill.

1.

6. Baldini (Baccio) et Sandro Botticelli. L'Enfer, d'après la peinture à fresque de l'Orgagna dans le Campo Santo de Pise : in-4 en largeur.

Passavant, tome V, p. 43, n° 102.
Réimpression du XVIIIe siècle (?).

7. Baudouin. *Le Poëte Anacréon* ; gr. par N. de Launay. — In-fol. en largeur.

8. Boitard. The Rudiments of genteel Behavior, by F. Nivelon. *S. l.* (*London*), 1737, in-4, titre-front. et 11 pl. gr. par Boitard d'après Dandridge, v. ant. marb. dos orné, fil. dent. tr. dor.

Ouvrage peu commun orné de planches représentant les maintiens élégants et distingués à prendre dans le monde. Ces planches sont très intéressantes au point de vue du costume masculin et féminin anglais au commencement du XVIIIe siècle.
Exemplaire de J.-J. de Bure.

9. Bonasone (Jules). Les Amours d'Alexandre et de Roxane ; pet. in-fol. en largeur.

Bartsch, n° 100. — Collection H. de Lasalle.

10. Cipriani et autres. — *Liberality* ; gr. par Mlle Angélique Papavoine. — *Orphée et Eurydice* ; gr. par Copia. — *Portrait de Sophie Arnould?*, gr. par Chaponnier. — Ens. 3 pièces in-12 en forme de médaillons, *gr. en bistre ou à la sanguine.*

11. COSTUMES français du règne de Louis XIV. — 21 pièces in-4 et in-fol. gr. par Arnoult, Bonnart, de Saint-Jean, etc.

Arnoult : *Louis-Alexandre de Bourbon* ; *Philippe de Bourbon, duc de Chartres; Philippe de France, duc d'Anjou* ; 3 pièces. — Bazin : *Philippe, duc d'Orléans, frère unique du Roi.* — Berey : *Mme la princesse de Montbazon.* — Bonnart : *Mme la marquise de La Vallière ; Mme la marquise de Courtanvaux; Mme la comtesse de Maurepas ; Louis-Alexandre de Bourbon, comte de Toulouse ; François Pallu ; R. F. Fiacre de Sainte-Marguerite* ; 6 pièces. — Habert : *Victoire de Bavière, dauphine de France.* — J.-B. de Saint-Jean : *Monsieur ; Madame ; Mgr. le Dauphin ; Madame la Dauphine* ; 4 pièces. — Schenck : *Le R. P. Fr. de La Chaise.* — Trouvain : *Mme la duchesse de Bourgogne ; Mme la duchesse d'Aumont ; Mme la princesse de Conty ; Mme la princesse de Condé* ; 4 pièces.

12. De Laune (Charles-Etienne). *Mars, Diane* et *Minerve.* — 3 petites pièces d'ornements formant panneaux, dans des encadrements *dessinés à la sépia* au XVIe siècle.

13. Fragonard. *Le Chiffre d'amour* ; gr. par N. de Launay. — In-fol.

Belle épreuve avec marges.

14. FREUDENBERG : *Le Départ du soldat suisse.* — *Le Retour du soldat suisse.* — 2 pièces in-4 en largeur gr. et *coloriées*, sous cadres noir et or.

15. Freudenberg. *Le Petit Jour*; gr. par N. Launay. — In-fol.

Charmante estampe, l'une des plus jolies et des plus recherchées du XVIIIe siècle.

Grattage aux armoiries de la tablette.

16. Guercin (Francesco Barbieri, dit le). Raccolta di alcuni disegni del Barbieri da Cento, detto il Guercino. *Roma, Generoso Salomoni*, 1764, gr. in-fol. front. et 16 pl. gr. à l'eau-forte en bistre, mar. r. dos orné, dent. riches comp. dor. aux angles, tr. dor. (*Reliure italienne de l'époque.*)

Cassure à la dernière planche qui est de quadruple format et pliée.

17. Huet (J.-B.) : *L'Amant écouté.* — *L'Eventail cassé.* — 2 pièces petit in-fol. gr. par Bonnet, *en couleur.*

18. Kauffman (Angelica). *Nymphs adorning Pan* ; gr. par R. Read. *London, Birchall et Durand*, 1785. — In-4, *gr. en couleur.*

19. Montigny (de). *Louisa*, d'après Ward. *Published by Chereau, Maturins' Street.* — In-4.

Charmante estampe tirée en bistre et sanguine.
Superbe épreuve à toutes marges.

20. MOREAU LE JEUNE (J.-M.). SECONDE SUITE D'ESTAMPES, pour servir à l'histoire des Modes et du Costume en France, dans le XVIIIe siècle. Année 1776. *A Paris, chez M. Moreau, graveur du cabinet du Roi* (1776), *A. P. D. R.* — Suite de 1 titre et 12 estampes in-8, *en feuilles*.

Charmante suite très rare. C'est la réduction en contre-partie des douze estampes in-folio parues la même année.

Exemplaire possédant le titre gravé qui manque à la plupart des collections. — Très belles épreuves ; grandes marges.

21. Slodtz (M.-A.). *Bal du May donné à Versailles pendant le carnaval de l'année 1763* ; gr. par Martinet. — In-fol. en largeur.

Jolie pièce.

22. Vico (Enée). L'Armée de l'Empereur Charles-Quint traversant l'Elbe : in-fol. (*Bartsch*, no 18).

Belle épreuve du second état.

23. Watson (J.). *La Fleur part de Montreuil*, d'après H. Bunbury. *London, Watson and Dickinson*, 1781. — Jolie pièce in-folio *gr. en couleur.*

---

24. Adam (Victor). Costumes militaires de la République, de l'Empire (nos 1 à 8) ; Costumes de l'Armée française de 1830 à 1842 (no 11). *Paris, Priston, s. d.* — 9 pl. in-fol. lithog.

25. Adam (Victor). Lithographies diverses. — 103 pièces in-4 et in-fol.

Le Bien et le Mal; 62 pl. — *Synonymes en actions*; 21 pl. — *Etudes d'animaux*; 13 pl. — *Chasse à la lionne, au tigre, à l'ours*, 3 pl. — Etc., etc.

26. — Scènes et Costumes militaires. — 12 pl. in-4 et in-fol. lithog. en noir et en couleur.

Motifs algériens; 6 pl. — *Délassemens* (n°s 4, 6, 18 et 22); 4 pl. — Etc.

27. Alken (Henry). Illustrations to popular songs, by Henry Alken. *London, Thos M'Lean*, 1823, gr. in-4 obl. 42 pl. *coloriées* dont le front. demi-rel. bas. r. à long grain avec coins.

28. — Sporting Scrap book, by Henry Alken. *London, Thomas M'Lean*, 1824, gr. in-4 oblong, 49 pl. *coloriées* y compris le frontispice, demi-rel. bas. r. à long grain avec coins.

29. — Symptoms, of being amused, by Hy Alken. *London, Thos Mc Lean*, 1822, gr. in-4 obl. 41 pl. *coloriées*, y compris le titre-frontispice, demi-rel. bas. r. à long grain avec coins.

30. Ambert (Joachim). Esquisses historiques des différents corps qui composent l'armée française (1840). — 1 frontispice et 16 pl. in-8, lithog. et *coloriées*.

31. Beaumont (Edouard de). Lithographies diverses. — 33 pièces in-4, *coloriées*.

Planches extraites des suites des *Plaisirs de l'été*; le *Carnaval de 1853*; *A la Campagne*; *Au Bal masqué*; *Fariboles*; etc.

32. Bellangé (Hipp.). Lithographies diverses. — 20 pièces in-4, in-fol. et grand in-fol.

Le Billet de logement. — *Après la victoire.* — *En Orient.* — *L'Espion.* — *Prise d'une redoute.* — *Infanterie de ligne montant à l'assaut.* — *Voltigeurs français à l'attaque d'un retranchement.* — Costumes militaires. — Etc.
Une lithographie (*Grenadier à cheval*) est détériorée.

33. Boilly (Louis). Lithographies diverses; 1826-1828. — 5 pièces in-fol. en largeur.

Réjouissance publique. — *Les Déménagemens.* — *Le Jeu de l'Ecarté.* — *Le Jeu de Billard* (cassure à une marge). — *Le Jeu de Tonneau.*

34. — Lithographies diverses. — 18 pièces in-4 dont deux en noir et seize *en couleur*.

Les Journaux (belle pièce in-fol oblong). — *La Mariée.* — *L'Enfance*; 2 planches. — *Les Antiquaires.* — *Le Concert.* — *Le Baume d'acier.* — *Les Amateurs de tableaux.* — Etc., etc.

35. Bon genre (Le). (*Paris*, 1817). — 6 pl. petit in-fol. en largeur, gr. et *coloriées*.

N°s 69. *Costumes anglais.* — 72. *Costumes anglais.* — 82. *Costumes français et uniformes anglais.* — 84. *Les Petites marionnettes.* — 85. *Le Chien qui file.* — 102. *Promenades aériennes.*

36. BON GENRE (Le). (*Paris*, 1817). 107 pl. petit in-fol. oblong, gr. et *coloriées* d'après H. Vernet, Gatine, Lanté, etc.

N°s 1 à 29, 31 à 51, 53 à 85 et 87 à 110.

37. CARICATURES des premières années du XIXe siècle. — 4 pièces in-fol. en largeur gr. ou lithogr. et *coloriées*.

Le Goût du jour, n° 2. — *Le Suprême bon ton*, n° 24 (L'Amour et les Grâces arrivant de Londres). — *Mœurs du XIXe siècle*, n°s 3 et 4 (Une Heure avant le concert. — Une Heure de retard pour le concert) ; 2 planches.

38. — des premières années du XIXe siècle. — 6 pièces in-fol. oblong gr. et *coloriées*.

Entrée d'une partie des alliés à Paris. — *Les Valets de chambre russes faisant la toilette de leur jeune officier*, par Adrien Godefroy. — *Le Cabinet littéraire en plein vent.* — *Les Dames anglaises après-diné.* — *L'Après dînée des Anglais.* — *La Loge rôtie*, par F. Grenier.

39. — des premières années du XIXe siècle. — 10 pièces in-4 et in-fol. gr. ou lithogr. et *coloriées*.

Ninon en colère ; L'Apétissante ; Le Magnifique ; 3 pl. gr. par Brichet d'après J.-F. de Goetz. — *Musée Grotesque*, n° *11* ; *La Discussion.* — *La Soirée amusante*, par C. Naudel. — *Le Porte-faix.* — *Théâtre royal de Londres. Sémiramis.* — *Folie du jour.* — *Le Français constitutionnel quand même.* — Etc.

40. — de l'époque romantique. — 26 pièces in-4, lithogr. et *coloriées*.

Pigal ; 7 pl. — Plattel ; 3 pl. — Richez ; 5 pl. — Aug. de Valmont ; 8 pl. — Wattier ; 3 pl.

41. — diverses, par J. Arago, Boilly, F. Bouchot, Feuchère, H. Monnier, L. Noël, Plattel, Traviès, etc. — 36 pièces in-4, lithogr. et *coloriées*.

Neuf planches sont doublées.

42. — et lithographies diverses par Berr, Cham, Daumier, Gavarni, Jacque, Janet, Platier, Vernier, etc. — 52 pièces in-4, lithogr. et *coloriées*.

43. CHARLET. — Lithographies diverses. — 11 pièces in-fol.

Le Drapeau défendu. — *L'Ecole du Balayeur.* — *Carabinier.* — *Voltigeur.* — *Le Premier coup de feu.* — *Le Second coup de feu.* — *Triomphe de la religion.* — *Je suis innocent.* — *Vous croisez la bayonette...* — *Aux vieux grognards !* — *Il m'en reste encore un pour la patrie.*

Belles épreuves.

44. — Lithographies diverses. — 20 pièces in-4 et in-fol.

Le Soldat musicien. — *Rêver d'ours...* — *Combat d'infanterie.* — *Le Vieux jardinier.* — *Vous croisez la bayonette...* *Je suis innocent.* — *Sa pauvre petite femme est bien* [illegible] — *Aux vieux grognards !* — *J'en mangerais* [illegible]

45. COSTUMES. — 27 pièces in-8, gr. et *coloriées*.

1. — CABINET ET MAGASINS DES MODES ; 7 pl. gr. par *Duhamel* d'après *Desrais* et *Defraine*.
2. — COSTUME PARISIEN ; 4 pl. dont trois par *Horace Vernet*.
3. — JOURNAL DER MODEN (1795-1796) ; 16 pl.

46. COSTUMES. — 54 pièces de divers formats, la plupart *en couleur*, gr. ou lithogr. d'après E. de Beaumont, Bergeret, Darjou, Devéria, de Galard, Lassalle, Maurin, Philipon, etc.

47. — militaires de la Révolution, de l'Empire et de la Restauration. — 36 pièces de divers formats, gr. et lithogr. en noir et en couleur, d'après Bellangé, Bottcher, Duplessi-Bertaux, Kobell, H. Lecomte, de Marbot, Raffet, de Viel-Castel, etc.

48. — militaires de 1820 à 1848. — 19 pièces in-8, in-4 et in-fol. gr. sur bois ou lithogr. d'après Bastin, Bellangé, Grenier, Loceillol, etc., dont 17 *coloriées*.

49. — militaires du règne de Louis-Philippe. — Suite de 41 pl. gr. in-8, gr. sur bois d'après Ch. Jacque, Pauquet et Lami.

On a ajouté une double épreuve *coloriée* de 9 des figures de cette suite.

50. — militaires du second Empire. — 46 pl. in-fol. gr. sur bois et *coloriées*, publiées à *Paris*, chez *Glémarec, fabricant d'images*.

51. — militaires de 1850 à nos jours. — 44 pièces in-12, in-4 et in-fol. gr. et lithog. dont 40 *en couleur*.

52. — des Pyrénées. *Paris, Rittner* (*Lith. de Lemercier*). — Suite de 24 pl. pet. in-4, lithogr. et coloriées.

53. DAMOURETTE (Ed.). Les Chattes parisiennes. — 13 pièces in-4, lithogr. et *coloriées*.

Nos 1 à 5, 7, 8, 14 à 16, 18 à 20.

54. DAUMIER (Honoré). Croquis d'expressions : nos 1 à 5, 7 à 15, 18 à 20 et 22 à 25. — Actualités; nos 49, 80, 183 et 184. — Ensemble 25 pièces in-4, lithogr. et *coloriées*.

Épreuves très courtes de marges.

55. DEVÉRIA (Achille et Eugène). Lithographies diverses. — 29 pièces in-8, in-4, et in-fol.

Le Canapé. — *Baise Maman.* — *Le Signal.* — *Inconstance.* — *Jalousie.* — *Désespoir.* — *La Réparation.* — *Le Contrat de mariage.* — *Le Premier enfant.* — *La Perte irréparable.* — *Figaro et Suzanne.* — Etc., etc.

56. DIVERS. — Gravures et lithographies. — 10 pièces in-4 et in-fol. en noir et en couleur.

Toilette d'une famille espagnole; épreuve coloriée. — *Voilà pourtant comme je serai dimanche*, par Charlet. — *Vue de la vallée de Chamounix, de l'Aiguille du Midi et de celle d'Argentière*; pièce gr. en couleur par J.-Ant. Linck. — Six lithographies par H. Vernet. — Curieuse et très rare estampe Japonaise ancienne.

57. — Sujets de genre, marines, etc., par E. de Beaumont, Guérard, Janet-Lange, Lassalle, Lepoittevin, Le Roux, Mozin, Sewrin, Valerio, etc. — 21 pièces in-fol. et grand in-fol. *lithogr. en couleur*.

58. Divers. — Figures anciennes et modernes (vignettes, portraits, frontispices, caricatures, etc.). — 22 pièces des XVIIe, XVIIIe et XIXe siècles, gr. par Sadeler, Picinus, Wierix, Watteau, Weirotter, Lefèvre, Desenne, Philipon, etc.

59. — Paysages, monuments, portraits, reproductions de tableaux, Vues de villes, costumes, etc. — 58 pièces anciennes et modernes gr. et lithogr.

60. Etudes de femmes (Costumes, coiffures, expressions), par Alophe, Bettannier, Compte-Calix, Desmaisons, Felon, Giraud, A. Johannot, Lafosse, Lassalle, Th. Lawrence, Ollivier, Regnier, Roëhn, Vallon de Villeneuve, Vidal, etc. — 20 pièces in-fol. et grand in-fol. *lithogr. en couleur.*

61. — de Femmes (Costumes, coiffures, expressions), par Alophe, Bracquemond, Compte-Calix, Français, Garnier, Grévedon, Lafosse, Legrand, Maurin, Léon Noël, Léopold Robert, Sorrieu, Winterhalter, etc. — 35 pièces in-4, in-fol. et grand in-fol. lithogr.

62. — diverses, sujets champêtres, scènes orientales, etc., par Jules David, G. Doré, Grenier, Marohn, Valerio, Victor et autres. — 39 pièces in-8, in-4 et in fol. *lithogr. en couleur.*

63. Finart : *L'Amateur Anglais à Paris.* — *L'Aimable Prussien.* — *La Nouvelle mode, ou l'Ecossais à Paris.* — 3 pièces in-fol. gr. par Blanchard fils aîné et *coloriées.*

Belles épreuves de ces très rares caricatures.

64. Galerie des Militaires français. *Paris, Engelmann, s. d.* — 16 pl. in-fol. en largeur lithogr. d'après Bosio, Gaillot, de Lécluse et Vafflard.

Titre-frontispice et planches nos 3, 6, 9, 10, 12, 18, 20, 26, 31, 35 à 37, 39, 40, plus une sans no.

65. GARDE A VOUS. Caricatures parisiennes. *Paris, Martinet,* (*vers* 1815). 29 pl. in-fol. oblong, gr. et *coloriées.*

Nos 3 à 9, 11 à 24, 26 à 30 et 32 à 34.

66. Gavarni. Sujets divers. — 14 pièces in-4, in-fol. et grand in-fol. lithogr.

Les Nuits de Paris; 4 pl. grand in-fol. en largeur. — *Un Bal à l'Opéra* — *Causerie.* — *Chévrier* (pièce en couleur). — *Fleurs d'Orient*, mélodie. — *Costume de Bal.* — *Concert donné par un enfant de trois mois.* — Voiture, chevaux, promenade à ânes, scène de boxe ; 4 pièces sur une feuille. — Etc.

67. — Les Coulisses. *Paris, Aubert, s. d.* — 26 pl. in-4 (sur 31), lithogr. et *coloriées.*

Nos 1, 3 à 21, 23, 27 à 31.
Premier tirage.

68. Gavarni. Les Enfans terribles : 20 pl. (*sur 50*). — Le Carnaval ; 9 pl. (*sur 27*). — *Paris, Aubert, s. d.* — Ens. 29 pl. in-4, lithogr. et *coloriées*.

Premiers tirages.

69. — Les Lorettes. *Paris, Aubert, s. d.* — 30 pl. in-4, lithogr. et *coloriées*.

Nos 1, 2, 5, 9, 14 à 18, 20, 23 à 25, 27, 28, 30, 33 à 35, 39 à 46.
Premier tirage. — Quelques pièces sont un peu courtes de marges.

70. — Les Etudians de Paris. *Paris, Aubert, s. d.* — 48 pl. in-4, lithogr. et *coloriées*.

Nos 1 à 48.
Premier tirage.

71. Grandville (J.-J.) : Les Breuvages de l'homme ; 5 pl. (*sur 7*). — Chaque âge a ses plaisirs : 8 pl. (*sur 10*). — Ens. 13 pl. petit in-fol. oblong, lithogr.

72. Grévedon (Henri). Têtes de fantaisie. — 17 pièces in-4 et in-fol. lithogr. et *coloriées*.

Lithographies très intéressantes constituant un document curieux et exact sur les coiffures, costumes et types de la période romantique. C'est la partie la plus importante de l'œuvre de Grévedon.

Affabilité. — *Tristesse.* — *Rêverie.* — *Pourquoi pas ?* — *Vous croyez ?* *Viendrez-vous ?* — *J'attends.* — *Dalhia.* — *Les Attraits* ; 3 pl. — *Souvenir.* — *L'Elégante polonaise* (2 épreuves). — *La Tendre Espagnole.* — *La Noble Allemande.* — *Anglaise.*
Belles épreuves.

73. — Têtes de fantaisie. — 34 pièces in-4 et in-fol. lithog. en noir.

Les Trois Maîtresses. — *Grisette.* — *Bonjour !* — *Osez !* — *Je ne veux pas !* — *Peut-être ?* — *Pourquoi pas ?* — *Volontiers.* — *Rosine.* — *Pauline.* — *Nina.* — *Ketty.* — *Charlotte.* — *Dinah.* — *Anna.* — Etc., etc.

74. Gout du jour (Le). Caricatures parisiennes. *Paris, Martinet* (*vers* 1816), 39 pl. in-4 oblong, gr. et *coloriées*.

Nos 1 à 11, 13 à 21, 23 à 26, 28, 29, 31 à 36, 38, 40 à 45.

75. Incroyables. — 5 pièces in-fol. en largeur.

L'Inconvénient des perruques, gr. par Darcis, d'après Carle Vernet. — *Faites la paix*, gr. par Levilly. — *Point de convention*, gr. par Tresca. — *La Folie du jour*, gr. par Tresca. — *Les Croyables au Péron*, gr. par Tresca.
Belles épreuves à toutes marges.

76. Lalaisse (Hippolyte). Types militaires. *Paris, Morier, s. d.* (1855-1860). — 15 pl. grand in-fol. en chromolithographie.

Planches nos 1, 3 à 5, 7, 8, 10, 12 à 14, 17, 18, 21, 23 et 24.

77. Le Poitevin (Eug.). Les Diables de Lithographies ! *Paris, Aumont, s. d.* (vers 1840), 12 pl. in-fol. oblong lithog. sous *couverture illustrée.*

Très curieuse suite ; chaque planche renferme plusieurs sujets.
Cassures à la couverture.

78. LITHOGRAPHIES : Sujets de genre, scènes champêtres, reproductions de tableaux, etc., par Alophe, J. David, Decamps, Giraud, Grenier, Julien, Lecomte, A. de Lemud, de Marne, Maurin, Raffet, Rougel, Swebach, Taunay, H. Vernet, Weber, etc. — 34 pièces in-fol. et grand in-fol. lithogr.

Huit épreuves sont sur Chine.

79. — diverses, caricatures politiques, etc., par de Beaumont, Bellangé, Charlet, Daumier, Gavarni, Janet, Mondor, Traviès et autres. — 45 pièces in-4 et in-fol.

On a ajouté à cette réunion : *Album de caricatures*, par Bertall ; 1848, in-fol. oblong, 24 pl. gr. sur bois, couverture illustrée, et *L'Amusement des soirées, album comique*. 10 pl. in-8, sous chemise dorée illustrée.

80. — 86 pièces de divers formats, par Bodmer, Boulanger, Daumier, David, Decamps, Dubufe, Fragonard, Robert Fleury, Hébert, E. Isabey, Lamy, Lecomte, Mozin, Léon Noël, H. Vernet, etc., etc.

Deux pièces sont *coloriées*.

81. MARLET (Jean-Henri). Lithographies diverses. — 6 pièces in-4 et in-fol.

Religieuse hospitalière. — *Train d'artillerie.* — *Officier de dragons.* — *Trompettes des gardes du corps du Roi.* — *Mendiants.* — *Bienfaisance envers un prisonnier blessé.*

82. MOEURS du XIXe siècle. *Paris, Osterwald l'aîné et Boieldieu*, (1816). 4 pièces in-fol. oblong. gr. *en couleur* par Jazet.

Les Petits bourgeois parisiens en partie de campagne. — *La Pluie d'orage.* — *Une Heure avant le concert.* — *Une Heure de retard pour le concert.*
Les deux premières pièces sont très courtes de marges.

83. MONNIER (Henry). Lithographies diverses. — 18 pièces in-4 *coloriées*.

Passe-tems : 4 pl. — *Mœurs administratives* : 4 pl. — *Grisettes* : 2 pl. — *Récréations.* — *Une Soirée à la mode.* — Etc.

84. — Six Quartiers de Paris. *Paris. Delpech*, 1826, 1 titre et 5 pl. in-4 (*sur 6*), lithogr. et *coloriés*.

Suite très rare. — Manque : *Le Marais*.

85. NOËL (Léon). Sujets de genre. — 7 pièces in-fol. lithogr. d'après Grévedon et *coloriées*.

Dame d'honneur. — *Comtesse.* — *Bourgeoise.* — *Jeune fille.* — *Artiste.* — *Actrice.* — *Virginie.*
Superbes épreuves à toutes marges.

86. OPIZ (G.). Tableau de Paris. — 6 planches in-fol. gr. et *coloriées*.

Le Boulevard du Temple. — *L'Eau.* — *Le Savoyard.* — *Le Grand matin.* — *Les Affiches publiques.* — *Les Halles.*
Jolies pièces des premières années du XIXe siècle. — Les deux premières seules sont avec marges et légendes.

87. Paysages. — 20 pièces in-4 et in-fol. lithographiées, la plupart chez *Delpech* et *Engelmann*, d'après Carlsen, Corot, Français, Marilhat, Th. Rousseau, Thénot, Thienon, etc., etc.

88. Philipon (Charles). Lithographies diverses. — 40 pièces in-4, *coloriées*.

Compensations ; 7 pl. — *Les Annonces* ; 3 pl. — *Amourettes* ; 12 pl. dont une double. — *Déclarations* ; 3 pl. — *Amours* ; 6 pl. — Etc.
Cassures raccommodées à trois ou quatre pièces.

89. Philippoteaux. Costumes militaires pour l'*Histoire de l'Armée* de Pascal (1850). — Suite de 1 fronstipice sur Chine et 104 pl. in-8. gr. sur bois par Degouy et *coloriées*.

90. Pigal. Lithographies diverses. — 74 pièces in-4, *coloriées*.

1. *Scènes de société* ; 30 pl. (sur 50).
2. *Scènes populaires* ; 12 pl. (sur 50).
3. *Mœurs parisiennes* ; 29 pl. (sur 100).
4. Divers ; 3 pl.

Dix-neuf pièces sont doublées ; deux ont les marges coupées.

91. Rothmuller (J.). *La Chasse au lièvre*, d'après Hess. *Lith. de Engelmann, s. d.* — In-fol. oblong, lithogr. et *coloriée*.

92. Scheffer (Jean-Gabriel). Lithographies humoristiques. — 27 pièces in-4, coloriées.

Ce qu'on dit et ce qu'on pense ; 11 pl. diverses. — *8 heures du soir* ; *8 heures du matin* ; 2 pl. — *Comme on l'écoute.* — *Ah ! vous me faites des niches !* — *Faut lui répondre.* — *Vous plaisez-vous ici ?* — *J'ai trop peur !* — Etc.
Raccommodage en marge d'une pièce.

93. Suprême (Le) Bon ton. *Paris, Martinet* (*vers* 1816), 6 pl. petit in-fol. oblong, gr. et *coloriées*.

Planches 25 à 30, dessinées par Adrien Godefroy. — *La Promenade à cheval.* — *La Promenade en bokei.* — *Le Boulevard de Gand, à Paris.* — *L'Avenue des Champs Elisées, à Paris.* — *La Course des Montagnes russes à Paris.* — *Lady Cauchemar au Café des Mille Colonnes.*

94. Tableaux (Reproductions de) de Paul Delaroche, Giraud, Maurin, Moitte, Schlesinger, Toulmouche, H. Vernet, etc. — 17 pièces in-fol. et grand in-fol. lithogr.

Huit pièces sont sur Chine ; une en épreuve avant la lettre.

95. Têtes de fantaisie, par Carrière, Chandellier, Dubufe, Girodet-Trioson, Grevedon, Mlle Pagès, etc. — 29 pièces in-4 et in-fol. lithogr.

Pièces fort intéressantes pour les coiffures et les costumes.

96. Titeux (Eug.). Costumes de l'armée française. — 24 pl. in-4. lithogr. en couleur.

97. Traviès (Ch.-Jos.). Lithographies diverses. — 10 pièces in-4, *coloriées*.

Les Transfigurations ; 7 pl. — *L'Espiègle tireuse de cartes.* — *Pas si fort, vieille rosse !* — *J'm'embête !*

98. VERNET (Carle). LES CRIS DE PARIS. *Paris, Delpech, s. d.*, 40 pl. in-4, lithogr. *en couleur.*

Planches nos 1 à 7, 9, 10, 15 à 17, 19 à 22, 26, 28, 31, 33, 34, 36 à 44, 46, 47, 50, 51, 53, 55, 57 à 60.
Belles épreuves.

99. VERNET (Horace). La Smala. — 9 pièces grand in-fol. lithog. en deux teintes par Julien (1850).

Planches nos 1 à 5, 8, 10 à 12.

100. — Lithographies diverses. — 10 pièces in-4 et in-fol.

Le Billet de logement. — *A Stage-coach.* — *Edithe au col de cygne.* — *Le Jeu de la Drogue* (et la Suite du jeu); 2 pl. — *Deux soldats ivres s'embrassant.* — *Soldats regardant l'étalage d'un marchand d'estampes.* — *Etc.*

101. VOITURES. — 10 pièces in-4 et in-fol. lithogr. en noir et en *couleur.*

1. — LŒILLOT-HARTWIG : *Omnibus.* — *Béarnaise.* — *Tricycle.* — 3 pl. lithogr. chez Gihaut, 1824, *coloriées.*
2. — AUBRY. *Parisienne.* — 1 pl. lithogr. chez Delpech.
3. — BELLAY et DUCLAUX : *Voyage en poste.* — *La Halte au relais.* — 2 pl. lithogr. chez Motte.
4. — ADAM (Victor). Diligences et voitures. — 4 sujets sur 2 pl. lithogr. en couleur.
5. — *Coucou* et *Diligence.* — 2 pl. lithogr. chez Delpech et *coloriées.*

102. WATTIER (Emile). Un An de la vie d'une jeune fille. *Paris, Lith. de Villain* (1824), 17 pl. in-4, lithogr. et *coloriées.*

Mouillure à quelques planches; cassure raccommodée à la première.

---

103. ANQUETIL et Léonard GALLOIS. — Suite de 40 figures in-8, gr. d'après H. Baron et Druaux, pour l'*Histoire de France.*

Epreuves sur CHINE. — Quelques piqûres d'humidité.

104. CERVANTES. — 11 lithographies in-fol., par Célestin Nanteuil, pour *Don Quichotte.*

105. CORNEILLE. — Suite de 1 frontispice par Pierre gravé par Watelet et de 26 fig. in-4 avec encadrements (sur 34), par Gravelot, pour le *Théâtre*, édition de *Genève*, 1774.

Belles épreuves à toutes marges.

106. DIVERS. — Vignettes sur bois par Tony Johannot pour *Manon Lescaut* et autres ouvrages. — 28 fig. grand in-8.

Vingt-six pièces sont sur CHINE ; seize sont à grandes marges et douze sans marges.

107. FÉNELON. — Suite de 1 portrait de Fénelon gravé par Gaucher et 24 figures in 12 par Quéverdo pour les *Aventures de Télémaque. Paris, Bleuet (Impr. de Didot)*. 1796.

Epreuves en double état : AVANT LA LETTRE et EAUX-FORTES.
Mouillure à quelques pièces.

108. Racine. — Suite de 1 frontispice par Prudhon et 56 figures in-fol. par Chaudet, Gérard, Girodet, Moitte, Peyron, Serangeli et Taunay, pour les *Œuvres. Paris, Pierre Didot l'aîné, an IX* (1801-1805).

Très belles épreuves avant la lettre à toutes marges. — Le titre des pièces est gravé en lettres grises.

109. Saint-Pierre (Bernardin de). — Portrait du Docteur pour l'édition de *Paul et Virginie* de Curmer. — Grand in-8, gr. par Pigeot aîné, d'après Meissonier.

Epreuve avant la lettre, sur Chine.

110. Virgile. — Suite de 1 frontispice et 8 fig. in-fol. par Gérard et Girodet pour les *Bucoliques? Paris, Pierre Didot*, 1798.

Très belles épreuves avant la lettre et à toutes marges.

111. Voltaire. — Suite de 1 frontispice et 21 vignettes de Duplessi-Bertaux, pour la *Pucelle*, édition *Leclère*, 1865.

Epreuves tirées à part sur Chine, de format in-8.

PORTRAITS

1. Souverains et Princes français. — Révolution.

112. Beauharnais (Eugène de) ; Auguste-Amélie de Bavière ; Eugénie, Auguste et Maximilien de Leuchtenberg. — 30 pièces gr. et lithogr. la plupart de l'époque.

113. Bonapartes : Charles, Maria-Lætitia, Joseph, Lucien, Elise, Hortense, Caroline, Louis, Jérôme, Murat, etc. — 77 pièces gr. ou lithogr. dont vingt-neuf anciennes.

114. Bourbons : Henri IV ; Antoine de Bourbon ; Jeanne d'Albret ; Marguerite de Valois ; Marie de Médicis ; Gaston d'Orléans ; duchesse de Montpensier ; César de Bourbon ; Henri de Bourbon ; etc. — 82 pièces, la plupart des XVIIe et XVIIIe siècles, gr. par Chenu, Daumont, L. Gaultier, Larmessin, Le Blond, Mathey, Moitte, Moncornet, Odieuvre, Saint-Aubin, Scotin, etc.

115. — Louis de France, dit le *Grand Dauphin* ; la Dauphine ; Philippe duc d'Anjou ; Marie-Adélaïde de Savoie ; le duc de Penthièvre ; la princesse de Lamballe. — 18 pièces, dont plusieurs des XVIIe et XVIIIe siècles, gr. par Desrocher, Gaillard, Larmessin, etc.

116. Bourgogne (Ducs de) : Philippe le Hardi ; Jean sans Peur ; Philippe le Bon ; Charles le Téméraire. — 17 pièces, la plupart des XVIe et XVIIe siècles, gr. par P. de Jode, Le Bert, Moncornet, Vermeulen, etc.

117. Charles X, Marie-Thérèse de Savoie, duc et duchesse d'Angoulême, duc et duchesse de Berry, Marie-Thérèse d'Artois, comte de Chambord. — 75 pièces gr. ou lithogr. dont trente-quatre anciennes et sept *en couleur*.

118. Condé (Princes et princesses de), de Louis Ier de Bourbon, prince de Condé (1530-1569), à Louis-Henri-Joseph, duc de Bourbon, prince de Condé (1756-1830). — 48 pièces, la plupart des XVIe et XVIIe siècles, par Bouttats, Gaucher, Larmessin, Le Beau, Th. de Leu, Moncornet, etc.

119. — *Louise-Marie-Thérèse-Bathilde d'Orléans, duchesse de Bourbon*; gr. par Le Beau d'après Le Noir ; 1774. — In-4.

Belle épreuve à grandes marges.

120. Conti (Princes et Princesses de); Louis de Bourbon, comte de Soissons; duc et duchesse de Longueville. — 17 pièces, la plupart du XVIIe siècle, gr. par P. Aubry, G. de Hollander, P. de Jode, Moncornet, Schouten, etc.

121. Elisabeth de France, sœur de Louis XVI (Madame). — *Elisabeth-Philippine-Marie-Hélène de France* (1764-1794); par Bouilliard d'après Guiard. — Pet. in-fol.

Belle épreuve à toutes marges.

122. — *Elisabeth de France, née le 3 mai 1764, assassinée par le Tribunal révolutionnaire, le 21 Floréal, an 2*[e]; gr. par M... — In-12.

Deux épreuves à toutes marges, dont une en réimpression (?)

123. Henriette d'Angleterre: *Henrietta, dutchess of Orléans*; par Turner d'après Mignard. *London, Woodburn*, 1812. — Petit in-4, gr. à l'aquatinte.

Belle épreuve à toutes marges.

124. Joséphine et Marie-Louise (Impératrices). — 23 pièces gr. et lithogr. la plupart de l'époque.

125. Lorraine (Ducs et duchesses de) du XVIe au XVIIIe siècle. — 75 pièces anciennes gr. par Daullé, Desrochers, C. Galle, Moncornet, Odieuvre, Petit, Visscher, etc.

126. Louis XIII et Anne d'Autriche. — 45 pièces, dont trente-neuf anciennes, gr. par Aubry, A. Bosse, Hoeius, P. de Jode, de Lorraine, Mariette, Moncornet, B. Picart, etc.

127. Louis XIV et Marie-Thérèse. — 58 pièces, la plupart des XVIIe et XVIIIe siècles, gr. par Chauveau, J. Galle, Henriquez, Hérisset, Moncornet, Schenck, Van Schuppen, N. Visscher, etc.

128. Louis XVI, Marie-Antoinette, Louis Dauphin, Madame Victoire, Madame Elisabeth. — 29 pièces, la plupart du XVIIIe siècle, gr. par Bernigeroth, Haid, de Longueil, Petit, Pool, Prevost, Tardieu fils, Voyez, etc.

129. — Marie-Antoinette, Louis XVII. — 85 pièces, la plupart du XVIIIe siècle, gr. par Boizot, Gaucher, Henriquez, Le Beau, Le Mire, Le Vasseur, Vérité, etc.

130. Louis XVIII et Marie-Joséphine-Louise de Savoie. — 32 pièces, la plupart anciennes et gravées.

131. Louis-Philippe Ier et la famille royale. — 11 pièces in-fol. et grand in-fol. dont 9 lithog.

Portraits du Roi et de la Reine : par Eug. Lami (à cheval et passant en revue la garde nationale ; très belle pièce), Grevedon, Lassalle d'après Winterhalter, Ed. Dubufe (1849). — *Louis-Philippe et sa famille*, par Fragonard. — *Famille du Prince Royal*, par Maurin. — *Derniers jours de bonheur !*, par Grenier. — *Duc de Nemours*, par D. Monteu. — *Duchesse de Nemours*, par Winterhalter. — *Prince de Joinville*, par Maurin.

132. — et Marie-Amélie. — 35 pièces gr. et lithogr.

133. Marie-Antoinette : gr. par *Gaucher*, d'après *Moreau le jeune* : 1775. — In-8.

Charmant portrait, en-tête de la dédicace des *Annales du règne de Marie-Thérèse* de Fromageot.

134. — archiduchesse d'Autriche, Dauphine de France : gr. par *Hubert* d'après *Daresne*. — Petit in-4 (grandes marges).

135. — de profil et à mi-corps : par *Bartolozzi* ? — In-4, gr. en bistre et sanguine.

Jolie pièce.

136. — en bergère, un foulard sur les cheveux ; gr. par *Ruotte* d'après *Césarine F****. — Petit in-4, *gr. en couleur*.

Épreuve avant la lettre. — Pièce rare.
Légère mouillure.

137. — 5 pièces in-8.

Portraits gr. par *P. Fontana* d'après *L. Agricola* ; *Bonvoisin* ; *H. H. Mole* d'après *Collignon* (avant la lettre) ; Anonyme ; portrait de Charlotte de France, duchesse d'Angoulême, gr. par *Mme Fournier* d'après *Robert Lefèvre*.

138. — 4 pièces grand in-fol. lithogr.

Marie Antoinette, par Paul Delaroche (buste). — *Marie-Antoinette à Trianon* et *Marie-Antoinette à la Conciergerie* : 2 pl. par Frederik Scherl. — *Marie-Antoinette*, lith. par Lonborg d'après Paul Delaroche (épreuve sur Chine).

139. Marie-Thérèse-Charlotte de France, fille de Louis XVI. — In-4, gr. par Chr. de Mechel et *coloriée*.

Très beau portrait publié à l'occasion du passage de cette Princesse à Bâle, le 26 décembre 1795.

140. Napoléon Ier. — 74 pièces gr. et lithogr. dont un grand nombre de l'époque.

141. — et la famille impériale. — 17 pièces in-fol. et grand in-fol. dont 13 lithogr.

Très intéressante réunion.

Portraits divers par Braunsdorf, L. David, Paul Delaroche, Duplessi-Bertaux, Janet-Lange, Kramp, Maurin, Carl Vernet, etc. — *Alexandre le Grand et Jules César saluant Napoléon*, par Braud, 1820. — *Colonne Nationale*, avec la statue de l'Empereur gr. par Houiste. — *Bonaparte premier consul*, GRAND DESSIN ORIGINAL au crayon.

Trois pièces sont sur Chine et trois *en couleur*.

142. Napoléon II, roi de Rome, duc de Reichstadt. — 25 pièces gr. ou lithogr. la plupart de l'époque.

143. Napoléon III et la famille impériale. — 7 pièces in-fol. et gr. in-fol. lithogr.

Louis Napoléon Bonaparte, par Alophe (épreuve sur Chine). — *Napoléon III*, par Léon Noël (épreuve coloriée). — *LL. MM. l'Empereur et l'Impératrice des Français*, par Alophe (épreuve sur Chine). — *Une Pensée ! ! !* par A. Carrière (épreuve sur Chine). — *Eugenia de Guzman, Imperadora de los Franceses*, par Eusebio Planas (très belle pièce représentant l'impératrice à cheval en costume espagnol). — Etc.

144. — Impératrice Eugénie, Prince impérial. — 25 pièces gr. ou lithogr.

145. Orléans : Henriette d'Angleterre, duchesse d'Orléans ; le Régent ; Mlle de Blois ; Louise-Adélaïde de Bourbon ; Philippe-Joseph Orléans-Egalité ; etc. — 29 pièces, la plupart des XVIIe et XVIIIe siècles, gr. par Audran, Drevet, B. Picart, Voyer, etc.

146. — Ferdinand-Philippe d'Orléans, Hélène de Mecklembourg-Schwerin, le comte de Paris, le duc de Chartres. — 25 pièces gr. et lithogr.

147. — Louis, duc de Nemours ; Louise-Marie, reine des Belges ; duchesse de Nemours ; princesse Clémentine ; prince de Joinville ; duc et duchesse de Montpensier ; duc d'Aumale ; duc d'Alençon ; etc. — 22 pièces gr. ou lithogr.

148. Rois et Reines de France de Mérovée à Louis XII. — 57 pièces gr. et lithogr. dont un grand nombre d'anciennes gr. par Duchange, Gaillard, Grignon, Odieuvre, Will, etc.

149. Valois : François Ier, Claude de France, Eléonore d'Autriche, François de Valois, Henri II, Catherine de Médicis, François II, Charles IX, Elisabeth d'Autriche, Charles d'Angoulême, Charlotte de Montmorency, Henri III, Louise de Lorraine, François d'Alençon. — 56 pièces, la plupart des XVIe et XVIIe siècles, gr. par Desrochers, Harrewyn, P. de Jode, Thomas de Leu, Larmessin, Moncornet, etc.

150. Bonneville (F.). Membres du Directoire exécutif, députés à la Convention Nationale, etc. — 47 pièces in-8.

151. Chalier (Joseph), président du District de Lyon en 1793, gr. par *Angélique Briceau, femme Allais*; in-fol. *en couleur*.

152. Cléry (J.-B.), dernier serviteur de Louis XVI, gr. par *P. Audinet* d'après *H. Danloux;* 1798; in-4.

153. Députés à l'Assemblée nationale. Collection des Portraits de MM. les Députés à l'Assemblée Nationale tenue à Versailles le 4 Mai 1789. *A Paris, chez Le Vachez.* — 95 pièces in-4, gr. à l'aquatinte.

Mouillures à quelques portraits.

154. Députez à l'Assemblée nationale. *A Paris, chez Basset.* — 32 portraits en médaillons, gr. à l'aquatinte et tirés in-8.

155. Divers. Personnages célèbres de la Révolution française. — 77 pièces *de l'époque*, gr. par Bonneville, Chevillet, Coqueret, Duplessi-Berteaux, Haid, Le Vachez, Lips, Mariage, Queverdo, Vérité, etc.

Portraits de Bailly, Barras, Barthélemy, Condorcet, Isnard, Lally-Tolendal, Lameth, Latude, Marat, Rewbel, Robespierre, Sieyès, Vergniaud, etc.

156. — Personnages célèbres de la Révolution française. — 154 pièces modernes gr. ou lithogr.

Portraits de Bailly, Barbaroux, Barras, Barrère, Danton, Desmoulins, Grégoire, Marat, Pétion, Robespierre, Saint-Just, Santerre, Sieyès, Vergniaud, etc., etc.

157. Marat (J.-P.), gr. par *Angélique Briceau, femme Alais*: in-fol. *en couleur*.

158. Mirabeau. — 19 pièces, dont sept du XVIIIe siècle.

2. *Ministres, Hommes politiques, Hommes de guerre français.*

159. Bayard (Pierre du Terrail, seigneur de), gr. par *Ridé*, d'après *Sergent*, 1788; in-4, *en couleur*.

160. Généraux de la Révolution française. — 120 pièces gr. et lithogr. dont quarante-huit de l'époque.

Portraits de Carnot, Championnet, Custine, Desaix, Dumouriez, Hoche, Joubert, Kléber, Marceau, Pichegru, etc., etc.

161. — du Premier Empire. — 5 pièces in-4 de l'époque, dont quatre *gr. en couleur*.

Portraits de Compans, Drouot, duc d'Enghien, Fressinet et Lallemand.

162. Hommes de guerre des XVIe et XVIIe siècles. — 110 pièces anciennes gr. par Aubry, Chenu, Daullé, Hubert, P. de Jode, Le Beau, Moitte, Crispin de Pas, B. Picart, Tardieu, Voyez, etc.

Portraits de Bayard, Catinat, Coligny, Cossé-Brissac, Créqui, Crillon, d'Espernon, Fabert, Gassion, Gontaut-Biron, Grammont, Guébriant, Joyeuse, La Feuillade, Lesdiguières, Marillac, Montluc, Montmorency, Rabutin, Schomberg, Soubise, Souches, Thoiras, Tourville, etc., etc.

163. — et marins célèbres du XVIIIe siècle. — 50 pièces anciennes gr. par Dupin, Folkema, Jeaurat, Le Beau, Petit, Pool, Saint-Aubin, Watelet, etc.

Portraits des maréchaux de Belle-Isle, Berwick, Bougainville, Broglie, Estrées, de Grasse, Luxembourg, Noailles, Richelieu, Maurice de Saxe, Turpin de Crissé, Villars, Villeroy. — Duguay-Trouin, La Motte-Fouqué, La Motte-Piquet, etc.

164. Hommes politiques du XIXe siècle. — 143 pièces gr. et lithogr.

Portraits de J. Arago, Blanqui, de Broglie, Casimir-Perier, Choiseul, Dupin, Dupont de l'Eure, Gambetta, Gramont, Grévy, Guizot, Laffitte, Manuel, Molé, Montalivet, Pasquier, Polignac, Thiers.

165. Maréchaux de Napoléon Ier. — 140 pièces gr. ou lithogr. dont beaucoup de l'époque.

166. — et généraux du XIXe siècle. — 64 pièces gr. et lithogr.

Portraits de Bugeaud, Canrobert, Cavaignac, Clausel, Foy, Gérard, Lamoricière, Mac-Mahon, Oudinot, Pélissier, Sébastiani, etc., etc.

167. Mazarin (le cardinal de) et Hortense Mancini. — 25 pièces in-8, in-4 et in-fol. dont vingt du XVIIe siècle gr. par Aubry, Aveline, Jaspar Isac, P. de Jode, Lenfant, Cl. Mellan, Moncornet, Nanteuil, Odieuvre, Poilly, Rousselet, Schouten, etc.

168. Ministres, conseillers d'État, membres du Parlement, des XVIe et XVIIe siècles. — 53 pièces anciennes gr. par Audran, Chenu, Daret, Ficquet, L. Gaultier, Legrand, Moncornet, Odieuvre, etc.

Portraits de Brisson, Colbert, Du Vair, Jeannin, Le Tellier, Michel de L'Hôpital, de Retz, Sully, etc.

169. — chanceliers, diplomates, conseillers, etc. du XVIIIe siècle. — 51 pièces gr. par Desrochers, Ficquet, Le Beau, Moitte, Moreau, Watelet, etc.

Portraits de d'Argenson, Daguesseau, Dubois, Fleury, La Vrillière, Law, Hue de Miroménil, Malesherbes, Maupeou, Sartine, Turgot, Vergennes, etc., etc.

170. Moreau (le général). — In-4, en pied, gr. et *colorié*.

Estampe publiée à Berlin en 1814.

171. — 21 pièces gr. et lithogr. dont quinze de l'époque.

172. Necker. — Beau portrait in-fol. *gr. et écrit par Jean de Montainville, rendu à main levée par Bernard, 1788; le lavi par L. Bouvallet.*

173. — 11 pièces in-8 et in-4, dont huit anciennes gr. par Endner, Henne, de Launay, Thouvenin, etc.

174. Richelieu (le cardinal de). — 29 pièces in-8, in-4 et in-fol. dont vingt anciennes gr. par Boissevin, Collyer, Jaspar Isac, Larmessin, Moncornet, B. Picart, etc.

175. Sully (Maximilien de Béthune, duc de), gr. par *J.-B. Chapuy*, d'après *Brion de La Tour*, in-4, *en couleur*.

176. Talleyrand (Ch.-Maurice Prince de). — 19 pièces in-8, in-4 et in-fol. gr. et lithogr. dont plusieurs de l'époque.

Parmi ces portraits nous signalerons celui gravé à la manière noire par *T. Hodgetts*, d'après *Ary Scheffer*, très belle pièce in-folio.

177. Turenne. — 14 pièces gr. ou lithogr., in-8 et in-4, gr. par Hinton, Moncornet, Muller, Prudhomme, etc.

3. *Ecrivains, Savants, Théologiens français.*

178. Diderot, gr. par *Alix*, d'après *Vanloo*; in-fol. *en couleur*.

179. Ecrivains anciens et modernes. — 18 pièces gr. et lithogr. dont sept anciennes.

Portraits de Marot, Rabelais, Ronsard, Th. Corneille, H. d'Urfé, Alex. Dumas, Th. Gautier, Ch. Nodier, A. de Vigny, etc.

180. — du XVe au XVIIIe siècle. — 138 pièces modernes, in-8 et in-4, gr. et lithogr.

Portraits de Beaumarchais, Boileau, Bossuet, Buffon, Alain Chartier, Comines, Corneille, Fléchier, Florian, Gressel, Jodelle, La Bruyère, Le Sage, Malherbe, Marot, Massillon, Montaigne, Pascal, Piron, Rabelais, Racine, Regnard, Regnier, Rousseau, Villon, Voltaire, etc., etc.

181. Fénelon, gr. par *Alix* d'après *Vivien*; in-fol. *en couleur*.

182. — 21 pièces in-8 et in-4, gr. et lithogr. dont douze anciennes gr. par Compagnie, Fridrich, Lorieux, B. Picart, Schleich, Scotin, etc.

183. La Fontaine (Jean de). — 9 pièces in-8 et in-4, dont cinq anciennes gr. par Bertonnier, Collyer, Dupin, Ingouf, et Philips, d'après Rigaud.

184. Littérateurs des XVIe et XVIIe siècles. — 19 pièces anciennes, gr. par Cathelin, Ingouf, Lubin, Nanteuil, Picart, etc.

Portraits de Boileau, La Bruyère, Malherbe, Ménage, Montaigne, Perrault, etc.

185. Littérateurs des XVIe et XVIIe siècles. — 54 pièces anciennes gr. par Gaucher, Larmessin, Lubin, B. Picart, Ponce, Scotin, etc.

Portraits de Remy Belleau, Montaigne, Scaliger, Boileau, Bossuet, Corneille, La Bruyère, Pascal, Racine, Voiture, etc., etc.

186. — du XVIe au XVIIIe siècle. — 23 pièces anciennes gr. par Cathelin, David, Delvaux, Duhamel, Ingouf, Langlois, de Launay, Leroux, etc.

Portraits de Beaumarchais, Buffon, Destouches, Diderot, Malherbe, Marot, Piron, Regnard, J.-B. Rousseau, Tressan, etc.
Quatre pièces sont avant la lettre.

187. — du XVIIIe siècle. — 103 pièces anciennes gr. par Desrochers, Fessard, Ficquet, Gaucher, Ingouf, de Launay, Le Beau, Macret, B. Picart, Saint-Aubin, Tanjé, Tardieu, etc.

Portraits de Buffon, Crébillon, Dalembert, Delille, Destouches, Dorat, Fontenelle, Marivaux, Marmontel, S. Mercier, Montesquieu, Piron, Prévost, Regnard, etc., etc.

188. Mably, gr. par *P.-M. Alix*; in-fol. *en couleur*.

189. Molière. — 13 pièces in-8 et in-4, dont neuf des XVIIe et XVIIIe siècles, gr. par Cook, Desrochers, Fessard, Ingouf, Kilian, etc.

190. Montaigne, gr. par *Alix*, d'après *Dumonstier*; in-fol. *en couleur*.

191. Montesquieu, gr. par *Alix*, d'après *Garn ey*; in-fol. *en couleur*.

192. Raynal (Guillaume-Thomas), gr. par *Alix*, d'après *Garnerey*; in-fol. *en couleur*.

193. Romantiques. — 39 pièces in-8 et in-4, lithogr.

Portraits de Balzac, Béranger, Dumas, Mme de Girardin, Gozlan, Janin, P. de Kock, Lamartine, Lamennais, Nodier, Rességuier, George Sand, etc.

194. — et auteurs de la première moitié du XIXe siècle. — 109 pièces gr. et lithogr.

Portraits de Th. de Banville, Béranger, Chateaubriand, Benjamin Constant, Delavigne, Dumas, Em. de Girardin, Gozlan, Hugo, Janin, Karr, Lamartine, H. Monnier, Murger, Nodier, Roqueplan, George Sand, Scribe, Soulié, Eug. Sue, etc., etc.

195. Rousseau (Jean-Jacques). — 4 pièces anciennes *à la manière noire*.

Deux portraits in-4, gr. par *J.-E. Haid*, 1780. — Un portrait in-8 avec petits dessins du tombeau dans la marge inférieure. — Beau portrait in-fol. gr. par *Corbutt* d'après *A. Ramsay*.

196. — 13 pièces anciennes gr. par Carmine, Delvaux, Endner, Hinton, Ketterlinus, de Launay, Liebe, Littret, etc.

197. SAVANTS divers des XVIe, XVIIe et XVIIIe siècles. — 98 pièces anciennes gr. par Aubry, Cathelin, Delvaux, Dupin, Larmessin, Ravenet, Wille, etc.

Portraits de Pierre Bellon, Robert Estienne, Gassendi, La Condamine, Lalande, André Laurent, Montgolfier, Paré, Pinel, Postel, Ramus, Réaumur, Servet, Tavernier, Venette, etc.

198. STAËL (Madame de). — 11 pièces dont plusieurs de l'époque, gr. ou lithogr. par Grevedon, Kneisel, Larcher, Meyer, Rosmäsler, Tavernier, etc.

199. THÉOLOGIENS catholiques et Ecclésiastiques célèbres des XVIIe et XVIIIe siècles. — 80 pièces gr. par Bazin, Duflos, P. de Jode, Lubin, Moncornet, Odieuvre, Simonneau, Tanjé, etc.

Portraits d'Ant. Arnauld, Baudrand, Bourdaloue, Calmet, Fléchier, Huet, le P. Joseph, Mabillon, Malebranche, Massillon, Ant. de Noailles, Olivet, Quesnel, de Retz, Gaston de Rohan, Sirmond, Thomassin, Saint-Vincent de Paul, etc., etc.

200. — protestants français des XVIe et XVIIe siècles. — 44 pièces anciennes gr. par Aubry, Bernigeroth, Desrochers, Duflos, Tanjé, etc.

Portraits de David et Charles Ancillon, Basting, Blondel, Bochart, Chatelain, Claude, D'Espagne, Drelincourt, P. du Moulin, Farel, Jurieu, Labadie, Le Faucheur, Léger, Le Moyne, Marlorat, Pierre Martyr, Poiret, Rivet, Roques, Superville, Viret, etc.

201. VOLTAIRE. — 6 pièces anciennes.

Deux portraits grand in-8, gr. à la manière noire par *Haid*, d'après *Denon* en 1779 et d'après *Barbié* en 1783. — Portrait gr. *en couleur* par *Vérité*. — DESSIN ORIGINAL du XVIIIe siècle aux crayons rouge et noir. — Voltaire discutant avec un théologien, estampe in-folio gr. par *Joseph Lante*. — VOLTAIRE : *J'ai interrompu mon agonie* ; estampe in-4.

202. — 10 pièces anciennes.

Portraits gr. par *Balechou*, d'après Loitard ; *Beisson*, d'après Largillière ; *Beisson*, d'après de La Tour ; *Cathelin*, d'après de La Tour ; *Langlois*, d'après de La Tour (2 épreuves) ; *Chrétien de Méchel* ; *Saint-Aubin*, d'après Houdon ; *Saint-Aubin*, d'après Marillier ; *Regnault*, d'après de La Tour (1863).

203. — 22 pièces anciennes gr. par Baquoy, Berger, Bertonnier, Demautort, Folkema, Henriquez, Saint-Aubin, Stahl, etc.

4. *Artistes, Acteurs et Actrices. — Mélanges.*

204. ACTEURS célèbres. — 67 pièces modernes, gr. et lithogr.

Portraits de Baptiste aîné, Bouffé, Grandville, Joanny, Lafon, Lekain, Mélingue, Nourrit, Odry, Roger, Samson, Talma, Thénard, Vernet, etc.

205. — et Actrices des XVIIe et XVIIIe siècles. — 11 pièces anciennes de divers formats.

Portraits de Baron, in-fol. gr. par *Daullé* d'après *de Troy* et in-12, gr. par *P. Dupin* d'après le même ; Brizard, in-fol. gr. par *Avril* d'après

Mme Guiard; Vincent, par *J. Roberts*. — Mesdames Clairon, gr. par *Lips*; Duclos, gr. par *Pinssio*; Favart, gr. par *Chenu*; Gaussen; Alexandrine Saint-Aubin, 2 pièces dont une en couleur par *Horace Vernet*; Villette La Ruette, gr. par *Ellain*.

206. Acteurs et Actrices célèbres. — 23 pièces gr. et lithogr. dont quatre anciennes.

Portraits de Poisson, dans le rôle de Crispin, gr. par *Edelinck* d'après *Vetscher*; Joanny; Talma. — Mesdames Clairon, 2 pièces gr. par *Berger* et *Schmidt* d'après *Cochin*; Despréaux; Doze; Duchesnois; Duclos (épreuve ancienne à la sanguine); Dupont; Dupuis; George; Mars; Rachel; etc.

207. — et Actrices anciens et modernes. — 50 pl. in-12 et in-8, gr. à l'eau-forte par Hillemacher, Fugère, Lefort, etc., etc. et publiées par *Scheuring* et *Cadart*.

208. Actrices célèbres. — 76 pièces modernes gr. et lithogr.

Portraits de Mmes Contat, Déjazet, Doze, Duchesnois, Dugazon, Dupuis, Falcon, Garcia, Lecouvreur, Leroux, Mars, Nau, Noblet, Pradher, Rachel, Vestris, etc.

209. Artistes divers des XVIIe et XVIIIe siècles. — 46 pièces gr. par Desrochers, Edelinck, P. de Jode, Lubin, Massard, B. Picard, Sornique, Vallée, Zucchi, etc.

Portraits de Séb. Bourdon, Callot, Castillon, Gravelot, Jomelli, Ch. de La Fosse, Le Brun, Lulli, Perrault, Poussin, Rameau, Silvestre, de Troy, Vanloo, Vouet, Wille, etc.

210. Divers. Portraits des XVIIe et XVIIIe siècles. — 14 pièces gravées in-folio.

Portraits de Louis XIII et d'Anne d'Autriche, par *Jaspar Isac* et *Fr. Beau*; Louis XIV et Marie-Thérèse, par *Fr. Poauly*, *P. Mignard*, etc.; Catinat, gr. par *Et. Cantrel*; Bullion, par *H. Rigaud*; Nic. Largillière; gr. par *Chereau*; maréchal de Saxe, gr. par *Chrétien de Mechel*; Poisson de Marigny, gr. par *Wille*, d'après L. Tocqué; la Malheureuse famille de Calas, gr. par *Delafosse*, d'après de Carmontelle, 1765; etc., etc.

Importante réunion de pièces peu communes.

211. — Portraits modernes. — 16 pièces in-fol. et grand in-fol. dont 2 gr. et 14 lithogr. par Séb. Cornu, Grevedon, Ingre, H. Le Dru, Letronne, Maurin, Planas, Winterhalter, etc.

Portraits de Beurnonville; Henri, duc de Bordeaux; prince de Joinville; duchesse de Nemours; Cavaignac; Paul Delaroche; Robert-Houdin; Roger. — *Mort de Poniatowski*, par H. Vernet. — *Maître Wolframb*, par A. de Lemud. — Etc.

Huit épreuves sont sur Chine.

212. — Portraits des premières années du XIXe siècle. — 23 pièces, dont beaucoup gr. au pointillé, par Bertonnier, Bond, Delvaux, Guibert, Laugier, Mecou, Monsaldy, Simon, Smith, Tardieu, Zancon, etc.

Portraits de Bergasse, Condorcet, Grétry, Isabey, Louis XVIII, Joshua Reynolds, Volney. — Mesdames Dupuis, L'Espinasse, Marie-Adélaïde de Bourbon-Penthièvre, Mars, marquise de Salisbury, etc.

213. Divers. — 4 pièces in-8 et in-4 du XVIIIe siècle.

1. — Beaumarchais, gr. par *Delatre*; in-4, toutes marges.
2. — Catherine II, gr. par *J. Barbier* d'après *de Mailly*; in-8, marges.
3. — Henri de Bourbon, prince de Béarn, gr. par *Miger* d'après *Vincent*; in-4, marges.
4. — Louis XVIII, gr. par *Giraud*, à Lyon; petit in-8, toutes marges.

214. Femmes célèbres du XVe au XVIIIe siècle. — 55 pièces modernes gr. et lithogr.

Portraits de Diane de Poitiers, Mme Deshoulières, Gabrielle d'Estrées, Mme de Graffigny, Jeanne d'Arc, Mmes de Lafayette, de La Vallière, Laure, Marion de Lorme, de Maintenon, de Montespan, de Montesson, de Montpensier, Ninon de L'Enclos, Pompadour, Récamier, Scudéry, Sévigné, Agnès Sorel, etc., etc.

215. — célèbres des XVIe et XVIIe siècles. — 48 pièces anciennes gr. par Benoist, Bernigeroth, Chenu, Chereau, Desrochers, Larmessin, Masquelier, Moncornet, Odieuvre, etc.

Portraits de Gabrielle d'Estrées, Marquise de Verneuil, la Belle Feronnière; Mesdames d'Aiguillon, Louise Bourgeois, Deshoulières, de Fontanges, Ninon de Lenclos, de Maintenon, de Montespan, de Rohan, de Sévigné, etc.

216. — célèbres du XVIIIe siècle. — 30 pièces anciennes gr. par Bonneville, Duplessi-Bertaux, Fessard, Haid, de Launay, Lingée, Lips, Tardieu, etc.

Portraits de Mesdames Du Barry, Du Boccage, Du Châtelet, Charlotte Corday, de Genlis, de Graffigny, Necker, Roland, etc.

217. — célèbres du XVIIIe siècle et de la Révolution. — 37 pièces gr. ou lithogr. dont quelques-unes de l'époque.

Portraits de Mesdames Campan, Du Barry, Du Châtelet, Charlotte Corday, Du Deffant, de Genlis, Récamier, Roland, de Sombreuil, Théroigne de Méricourt, de Warens, etc.

218. Femmes (Les Belles) de Paris. *Paris, Lemercier, s. d.* 1839-1840). — 32 pièces in-8, lithogr. sur Chine.

219. Galerie de la Presse, de la littérature et des beaux-arts. *A Paris, chez Aubert, s. d.* (1839-1841). — 65 pièces in-4, lithogr.

220. — françoise, ou Portraits des hommes et femmes célèbres qui ont paru en France. *Paris, Hérissant*, 1771. — 29 pièces in-4.

Vingt-neuf jolis portraits divers de cette suite gravée sous la conduite de Restout.

221. Personnages célèbres antérieurs au XVIe siècle. — 62 pièces anciennes, gr. par Basan, Cars, Desrochers, Gaillard, Moncornet, Ravenel, etc.

Portraits de Pierre d'Aubusson, Godefroy de Bouillon, Charles de Bourbon, Commines, Du Guesclin, Guillaume Durand, Gerson, Guillaume le Conquérant, Jeanne d'Arc, Enguerrand de Marigny, Simon de Monfort, Robert Sorbon, etc., etc.

222. PERSONNAGES célèbres du XIVe au XVIIIe siècle. — 180 pièces modernes, de divers formats, gr. et lithogr.

Portraits de Jean Bart, Bayard, Bougainville, Callot, Catinat, Cinq-Mars, Colbert, Duguesclin, Dunois, Duquesne, Estrées, Fleury, Fouquet, Harlay, Lavoisier, Malesherbes, Paré, Poussin, Sully, Turgot, Tourville, Vauban, etc., etc.

223. — célèbres du XVIIe siècle. — 11 pièces anciennes gr. par Chenu, Chereau, Desrochers, Drevet, Edelinck, Jeaurat, Moncornet, Crispin de Pas, Scotin, etc.

Portraits de Fr. Brunet, Gabrielle d'Estrées, Sébastien Le Clerc, Claude de Médicis, Voyer d'Argenson, Philippe d'Orléans, etc.

224. — célèbres du XVIIe siècle. — 38 pièces anciennes in-4 et in-fol. gr. par Chereau, Coquin, Daret, Drevet, Fessard, Grignon, J. Isac, Landry, Lochon, Marcenay, Masson, J. Picart, Poilly, Pontius, Vallet, etc.

Importante réunion de très beaux portraits parmi lesquels nous citerons ceux de Brisacier, Caumont de la Force, Colbert, Dangeau, Fouquet, Ant. Godeau, Le Nôtre, Lesdiguières, Loménie de Brienne, Montausier, Schomberg, Thoiras, Saint Vincent de Paul, etc., etc.

225. — célèbres des XVIIe et XVIIIe siècles. — 23 pièces anciennes gr. par Baquoy, Borgnet, Duponchel, Le Beau, Lempereur, Le Mire, Littret, Mariage, Nicollet, Pigeot, Saint-Aubin, etc.

Portraits de Favart, Franklin, Frédéric II, Lekain, Los Rios, Stanislas roi de Pologne; Mesdames de La Vallière, Ninon de L'Enclos, de Pompadour, etc.

Cinq pièces sont AVANT LA LETTRE; le portrait de Frédéric II, par *Baquoy* et à l'état d'EAU-FORTE.

226. — célèbres, anciens et modernes. — 66 pièces modernes, de divers formats.

Portraits de Beaumarchais, Bossuet, Chateaubriand, Charlotte Corday, Corneille, Crébillon, Mme Du Barry, Fénelon, Franklin, Louise Labbé, La Fontaine, Louis XVI, Marie Leczinska, Marie Stuart, Molière, Robespierre, J.-J. Rousseau, B. de Saint-Pierre, le Tasse; duchesse de Berry, comte de Chambord, Balzac, George Sand, Gambetta; etc., etc.

Seize pièces sont AVANT LA LETTRE, ou sur CHINE.

227. — illustres du XVIIIe siècle. — 25 pièces anciennes in-4 et in-fol. gr. par Cars, Chéreau, Daullé, Desrochers, Gaillard, Helluin, Le Bas, Lépicié, Petit, Sarrabat, Tardieu, Vermeulen, etc.

Très beaux portraits parmi lesquels ceux de Bertin, Boullongne, maréchal de Broglie, Cazes, cardinal Fleury, Hallé, Languet, Magalotti, Maurepas, Orry, Pardaillan de Gondrin, maréchal de Villars, etc., etc.

228. — célèbres du Premier Empire. — 135 pièces, gr. ou lithogr., dont trente-six de l'époque.

Portraits de Cambacérès, Chaptal, Clarke, Conegliano, Drouot, Grouchy, Jourdan, Lariboisière, Lasalle, Las Cases, Lebrun, Maury, Molitor, Monge, Montholon, Savary, etc., etc.

229. Personnages célèbres du XIX siècle (Artistes, savants, etc.). — 254 pièces gr. et lithogr.

Portraits de Mgr. Affre, Berlioz, Berryer, Berthollet, Bichat, Boieldieu, Chopin, L. David, Delaroche, Dupuytren, Fieschi, Fualdès, Girodet-Trioson, Gounod, Grandville, Ingres, Orfila, Proudhon, Royer-Collard, Velpeau, Vidocq, H. Vernet, etc., etc.

5. *Portraits divers classés par noms d'artistes.*

230. Bola (C.). *Charles Borde.* — *Guill.-Th. Raynal.* — *Tolozan de Montfort*, prévôt des marchands de la ville de Lyon, 1786. — 3 pièces in-8 et in-4.

231. Cochin (d'après). *F. Dumont*, gr. par Saint-Aubin. — *Fieux.* Miger. — *Mme Favart*, par Flipart. — *Goldoni.* par Le Beau. — *Guérillot*, par Saint-Aubin. — *Le Blanc*, par Saint-Aubin. — *Marmontel*, par Dupin fils. — *Raynal*, 2 pièces par Le Grand et de Launay. — *Treyer*, par Miger. — *Watelet*, par Lempereur. — 11 pièces in-8 et in-4.

232. Delafosse. (*M. de Bourneville.*) *Hilaritate beatus, quique in se uno sua ponit omnia*; gr. d'après L.-C. de Carmontelle : 1760. — Petit in-fol.

233. Dumontier. Portraits de George Cadoudal et des principaux conjurés chouans. — 31 pièces in-8, gr. par Gautier et Hubert.

234. Edelinck (G.). Portraits de Bossuet, Furetière, Lamoignon, La Mothe le Vayer, Mansart, Moreri, Saint-Vincent de Paul, etc. — 12 pièces in-4 et in-fol. dont une tachée.

235. Ficquet (Et.) : *Corneille*. d'après Le Brun. — *Ch. Eisen*, d'après Vispré. — *Joliot de Crébillon*, d'après Aved. — *Montaigne*. d'après Dumonstier. — *Racine*, d'après Rigaud. — *Jean-Baptiste Rousseau*. d'après Aved. — *Jean-Jacques Rousseau*, d'après de La Tour. — *Voltaire*, d'après de La Tour. — Ensemble 8 pièces in-8 et petit in-8.

236. Fiesinger, d'après *J. Guérin*. Députés à l'Assemblée Nationale de 1789. — 6 pièces in-4 tirées en bistre.

Portraits de Fr.-Marc-Ant. Fezenzac de Montesquiou ; Louis-Alex. de La Rochefoucauld ; Fr.-Alex.-Fréd. de La Rochefoucauld-Liancourt : Barère de Vieuzac ; Stanislas de Clermont-Tonnerre ; Jacques-Guill. Thouret.

237. Gaucher (Ch.-Et.). : *Buffon* d'apès Drouais. — *Corneille*, d'après Le Brun. — *Diderot*, d'après Greuze. — *Fournier*, d'après Bichu. — *Mme de Graffigny-Le Bas*, d'après Cochin. — *Duc de Montausier*, d'après Ferdinand. — *Piis*, d'après Fran-

çois. — *Luigi Pulci*, d'après Giuliano. — *Saint-Marc*, d'après Danloux. — *Comte de Vergennes*, d'après Callet. — 11 pièces in-12 et in-8.

238. Hopwood. Portraits des plus illustres littérateurs français, — 33 pièces in-8.

Quatorze pièces sont avant la lettre sur Chine ; deux sont en double.

239. Larmessin (N. de). Portraits de Bertrand d'Argentré, Michel Le Tellier, Pierre Pithou, Potier de Novion, maréchal de Schomberg, maréchal de Sennetère, Adolphe de Vignacourt. — 7 pièces in-4 et in-fol.

240. Lasne (Michel). Portraits de Michel Ferrand, Siméon de Muis, Louis Petit (2 portr. différents), Jean Riolan et Henri de Sponde. — 6 pièces in-4 et petit in-fol.

241. Lawrence (Thomas). *Elizabeth, countess Grosvenor* ; gr. à la manière noire par Samuel Cousins en 1833. — In-fol.

Très belle épreuve à toutes marges.

242. Marcenay (Ant. de). — *Charles V*. — *Jeanne d'Arc*. — (*Michel de L'Hôpital*), épreuve avant la lettre. — *Henri IV*, d'après Jannet. — (*De Thou*), épreuve avant la lettre. — *Maréchal de Saxe*, d'après Liotard (avec le ciel blanc). — 6 pièces in-8.

243. Moncornet (Balthasar). Portraits de personnages illustres du XVIIe siècle. — 84 pièces in-4.

244. Mondhare. Mlle Colombe l'aînée, reçue à la Comédie Italienne en 1773. *A Paris, chez Mondhare*. — In-4 *gr. en couleur.*

Très belle épreuve à toutes marges.

245. Nanteuil (R.). Portraits de Beringhen, Coislin, Jeannin, La Vrillière, Le Bouthilier, Le Masle, Le Tellier, Payen, Vulson de la Colombière, etc. — 16 pièces in-4 et in-fol.

246. Odieuvre et Desrochers. Personnages célèbres des XVIe et XVIIe siècles. — 27 pièces.

Portraits de Colbert, Malherbe, Marot, Nicole, Pascal, Quesnel, Scarron, Segrais, etc.

247. Petitot (d'après). — *Marie Leczinska*. — Mme *de Pompadour*. — Mme *Du Barry*. — Mme *de Chateauroux*. — Mme *de Mailly*. — Mme *de Vintimille*. — 6 pièces.

Épreuves avant toute lettre, sur Chine, tirées à cent exemplaires de format in-folio.

248. Quénedey (Edme) et Chrétien. Portraits gravés *au physionotrace*. — 12 pièces in-12.

Mesdames d'Almeida, Corberon, de La Suze. — MM Allut, Mac-Carthy, Moncrif, Oudard, etc.

249. REYNOLDS (S.-W.). *Madame Grassini, in the character of Zaira*, d'après Mme Le Brun; 1806. — In-fol. *gr. en couleur.*

Superbe pièce avec marges.

250. SAINT-AUBIN (A. de). — *Linguet*, de profil à droite, avec ornements dessinés par Choffard. — *Le même*, composition allégorique (deuxième état, sans le nom de Vincent). — 2 pièces in-4.

Belles épreuves à toutes marges.

251. — *Sophie Le Couteulx du Moley*, d'après Cochin ; 1776. — In-4.

Une des plus jolies pièces de l'œuvre de Saint-Aubin.
Très belle épreuve avec grandes marges.

252. — Portraits de Beaumarchais, Bossuet, Buffon, Condorcet, Corneille, Crébillon, Fénelon, Gluck, La Fontaine, Louis XIV, Molière, Racine, Regnard, J.-J. Rousseau ; Mesdames de La Vallière, de Maintenon, Ninon de L'Enclos, de Sévigné, S. A. R. la duchesse d'Angoulême, etc. — 31 pièces in-8.

253. SAVART (P.). *Bossuet*, d'après Rigaud. — *Colbert*, d'après Ph. de Champaigne. — *Mme Deshoulières*, d'après Elisabeth-Sophie Chéron. — *Louis XIV*, d'après Rigaud. — 4 pièces in-8.

III. VUES DE VILLES, DE CHATEAUX ET DE MONUMENTS

254. ALSACE. — Vues de villes et monuments (Benfelden, Colmar, Mulhouse, Strasbourg, Wissembourg, etc.). — 18 pièces des XVIIe et XVIIIe siècles, de divers formats, gr. par Allardt, Danckerts, Probst, Seüpel, etc.

Nous signalerons parmi ces pièces la très belle estampe de la *Représentation de la cérémonie dans laquelle les vins d'honneur furent offerts à Sa Majesté Louis XV de la part du magistrat de Strasbourg, le 6 octobre 1744* ; grand in-fol. en largeur, gr. par J.-P. Le Bas d'après J.-M. Weis.

255. — Vues de monuments de diverses villes (Colmar, Schlestadt, Strasbourg, Thann, etc.). — 32 pièces modernes de divers formats, gr. ou lithogr.

256. ARTOIS, Flandre, Picardie, Lorraine, etc. — Vues de Béthune, Arras, Cambrai, Calais, Dunkerque, Amiens, Péronne, Saint-Quentin, Metz, Toul, Nancy, Verdun, Stenay, etc. — 38 pièces des XVIIe et XVIIIe siècles de divers formats.

257. BEAUCAIRE. Vue de la foire de Beaucaire, avec une partie de la ville de Tarascon. *A Paris, chez Maillet et Loyer, s. d.*, planche in-fol. en largeur, gravée et *coloriée*.

258. BOURGEOIS (Constant). Vues des châteaux et des jardins d'Ermenonville, Guiscard, Maupertuis, Méréville, Morfontaine, Mousseaux, le Raincy, Rœulx et Saint-Cucufat. (*Paris, Delance*, 1808). — 37 pièces in-4 et in-fol.

Belles planches gravées accompagnées de légendes en français, anglais et allemand.

259. CHATEAUX et Palais de la France. — 18 pièces des XVIIe et XVIIIe siècles, dont neuf in-fol. et grand in-fol.

Châteaux de *Blois*, par Israël Silvestre, 1672; *Fontainebleau*, 2 pl. par Aveline et Danckers; *Vincennes*, par Aveline; *Saint-Germain*, par Aveline; *Lunar-le-Vicomte*, 2 pl. par Poilly; *La Rochefoucauld*, par Louis Meunier; etc.

260. — demeures royales et hôtels. — 20 pièces modernes, de divers formats, gr. et lithogr.

Saint-Cloud; Saint-Germain; Versailles; Pierrefonds; Vincennes; Ferrières; Compiègne; Mousseau; etc., etc.

261. GASCOGNE, Languedoc et Provence. — Vues de Bordeaux, Marseille, Toulon, Nice, Avignon, Montpellier, etc. — 31 pièces des XVIIe et XVIIIe siècles de divers formats.

262. ILE-DE-FRANCE, Normandie, Bretagne, Champagne, Bourgogne et Franche-Comté. — Vues de Nantes, Melun, Rouen, Dieppe, Saint-Malo, Rennes, Brest, Lorient, Mantes, Reims, Langres, Chalons-sur-Marne, Epernay, Meaux, Langres, Troyes, Dijon, Besançon, etc. — 36 pièces des XVIIe et XVIIIe siècles de divers formats.

263. NEUILLY. *Vüe du decceintrement du pont de Neuilly*, fait en présence du Roy, le 22 septembre 1772, gr. par *Germain* d'après Eustache de Saint-Phar. — Grand in-fol. en largeur.

Très jolie pièce; petite marge.
On a ajouté : *Vue du Château de Madrid et du pavillon de Bagatelle*, gr. par *Elise Saugrain* d'après *L.-G. Moreau*, en 1783; in-folio en largeur.

264. PARIS. — Vues d'ensemble de Paris. — 14 pièces in-4, in-fol. et grand in-fol. des XVIIe et XVIIIe siècles.

Intéressante réunion de pièces gravées par N. de Poilly; Jean de Ram; Chereau d'après Milcent; Leitzelt d'après Rigaud; Scotin d'après Chaufourier; Probst d'après Werner; Berthault d'après L'Espinasse; H. Focken d'après Montanus; Erben d'après Volff; etc.

265. — Places publiques. — 13 pièces de divers formats des XVIIe et XVIIIe siècles.

Place Dauphine; 2 pl. par Perelle et Poilly. — *Champ de Mars* (ascencion d'un ballon le 1er vendémiaire 1799). — *Place neuve de Louis XV*, gr. par Leizelt d'après Moreau. — *Place des Victoires*; 1686. — *Place Vendôme*. — *Place Royale*. — *Place du Châtelet*. — Etc.

266. PARIS. — Monuments, ponts, etc. — 27 pièces de divers formats, des XVIIe et XVIIIe siècles, gr. par Mariette, Perelle, Poulleau, Ransonnette, Rigaud, Simonneau, etc.

La Bastille ; Hôtel de Ville ; Luxembourg ; Ecole de médecine ; Institut ; Chambre des Députés ; l'Arsenal ; Odéon ; Théâtre Italien ; Hôtel des Monnoies ; Amphithéâtre anatomique ; Pont Royal ; Pont Notre-Dame ; etc.

267. — Vues de Paris (1809 à 1820). — 8 pièces in-fol. oblong.

La Sorbonne ; Chambre des Députés ; la Bourse ; l'Ecole militaire ; l'Odéon ; Statue de Henri IV et Pont des Arts ; Palais de Justice ; Canal de l'Ourcq, gr. par Chapuy d'après Toussaint.

268. — Monuments, places, boulevards, etc. — 50 pièces modernes de divers formats, gr. et lithogr.

269. — Eglises et Couvents de Paris. — 11 pièces petit in-fol. oblong (numérotées de 1 à 11), gr. par *J. Van Merlen.*

Eglises de Notre-Dame, Saint-Germain l'Auxerrois, Saint-Etienne et Sainte-Geneviève, Saint-Eustache, Saint-Sulpice, Saint-Gervais, la Sorbonne, Sainte-Elisabeth, Noviciat des Jésuites, Couvent des Feuillans, Couvent des Filles Sainte-Marie.

270. — Eglises. (Notre-Dame, Saint-Sulpice, Saint-Germain l'Auxerrois, la Sainte-Chapelle, la Madeleine, la Sorbonne, les Innocents, etc.) — 28 pièces de divers formats, la plupart anciennes, gr. par Chapuis, Chereau, Perelle, Poilly, Israël Silvestre, etc.

271. — Portes et Arcs de triomphe. — 11 pièces anciennes et modernes de divers formats.

Arc de triomphe de Louis XIV à la porte Saint-Antoine, gr. par S. Le Clerc, 1679. — *Veüe de la Porte Saint-Antoine et de la Bastille*, gr. par N. de Poilly. — Portes Saint-Denis et Saint-Martin. — Arcs de triomphe de l'Etoile et du Carrousel. — Etc.

272. — Fontaines. — 6 pièces anciennes de divers formats.

Fontaine des Innocens : 2 pl. dont une gr. par Janinet d'après Durand. — *Fontaine triomphale en construction sur l'emplacement de la Bastille*, gr. par Nyon d'après Courvoisier. — *La Samaritaine*, gr. par Aveline d'après Chaufourier ; 2 épreuves en noir et coloriée. — Etc.

273. — Jardins de Paris. — 12 pièces de divers formats, dont neuf anciennes.

Jardin du Palais Royal ; 6 pl. par I. Silvestre, Courvoisier, Salathé, etc. — *Jardin des Plantes* ; 2 pl. par Courvoisier et Gibele. — *Jardin de l'Elysée-Bourbon*, gr. par Aubert fils d'après Courvoisier. — 2 pièces par Perelle. — Etc.

274. — Le Louvre. — 14 pièces anciennes et modernes de divers formats.

Parmi ces pièces nous signalerons une très belle estampe grand in-folio, gravée par *Sébastien Le Clerc*, en 1677 : *Représentation des machines qui ont servi à eslever les deux grandes pierres qui couvrent le fronton de la principale entrée du Louvre.* — Cette pièce est accompagnée d'une épreuve en contre-partie, gr. par *Heinrich-Jonas Ostertag*, à Augsbourg, grand in-fol. oblong.

275. Paris. — Les Tuileries. — 17 pièces anciennes et modernes, de divers formats, par Aveline, Bigaut, Courvoisier, Gibele, Schenck, etc.

276. — Hôtel des Invalides. — 10 pièces anciennes, dont trois grand in-fol. gravées par *D. Marot* et *Aveline*.

277. Saint-Cloud. Vues du Château. — 9 pièces anciennes in-4, in-fol. et grand in-fol. en largeur.

Veüe du Château, par A. Aveline. — *Veüe et perspective de S. Cloud*, par Israël. — *Veüe des cascades de St Clou.* gr. par Perelle d'après Israël Silvestre. — *Vues du Château et de la Cascade*; 4 pl. par J. Rigaud. — *Veüe du Chasteau*, gr. par N. de Poilly. — *Vue du Château et du pont.* gr. par Fortier d'après Courvoisier.

278. Silvestre (Israël). Vues de Châteaux et de maisons royales de France. — 23 pièces petit in-4 en largeur, gr. par Henriet, Langlois, Perelle et autres.

Blerancourt. — Chavigny. — Chilly. — Courance en Gastinois. — Fontainebleau. — Frémont. — Fresnes. — Lusigny. — Richelieu. — Rueil. — Verneuil. — Etc.

279. Trianon. Vues diverses. — 6 pièces in-fol. en largeur.

Entrée du Grand Trianon; *Petit Trianon*; *Temple de Vénus*; 3 pl. gr. par Fortier et Michon d'après Courvoisier. — *Petit Trianon; Vue du Hameau; Temple de l'Amour*; 3 pl. lithogr. par Noël d'après Guérard.

280. Vernet (Joseph). Vues des principaux ports de la France, gr. par *Cochin fils* et *Ph. Le Bas*, de 1760 à 1767. — 16 belles estampes grand in-fol. en largeur.

Le Port neuf, ou l'Arsenal de Toulon. — *L'Intérieur du port de Marseille.* — *La Madrague... vue du golphe de Bandol.* — *L'Entrée du port de Marseille.* — *Le Port vieux de Toulon.* — *Port d'Antibes.* — *Port de Cette.* — *Vue de la ville et du port de Bordeaux*; 2 pièces. — *Vue de la ville et du port de Bayonne* (épreuve avant toute lettre). — *Port de Rochefort* (épreuve avant toute lettre). — *Port de La Rochelle.* — *Port de Dieppe.* — *Le Port et la ville du Havre.* — *Vue du Pont et de la ville de Rouen*; *Vue du Port et de la ville de Rouen*; 2 pièces gr. par Le Bas et Choffard d'après Cochin.

281. Versailles. Vues du Château. — 22 pièces anciennes in-4, in-fol. et grand in-fol.

Vues du Château; 4 pl. gr. par Leizelt d'après Rigaud. — *Vue et perspective du Château* gr. par Danckerts. — *View of the Palace of Versailles*, gr. par B. Cole, 1754. — *Vues du Château*; 3 pl. gr. par Fortier d'après Courvoisier. — *Veue des Château et Jardins*, 2 pl. gr. par Schooneboeck d'après Naudin. — *Veüe du jardin du costé du Parterre*, par Perelle. — *Plan et coupe des Ecuries*; 5 pl. gr. par Mariette. — *Décoration élevée sur la terrasse du Château à l'occasion du mariage de Mme Louise-Elisabeth avec Don Philippe II, infant d'Espagne, le 26 août 1739*; gr. par Cochin d'après Bonneval. — *Décoration... à l'occasion de la naissance de Monseigneur le Duc de Bourgogne le 30 décembre 1751*; gr. par Marvie et Ouvrier d'après Slodtz et Cochin.

On a ajouté les deux estampes suivantes:

Projets d'une *Fontaine des Muses*, gr. par Taraval d'après Davy de Chavigné et d'un *Autel du St Sacrement*, par S. della Bella.

282. Vues de Monuments. — 7 pièces in-fol. et grand in-fol. des XVIIe et XVIIIe siècles, gr. et *coloriées.*

Château de Versailles : 4 pl. — *Vue de la place de la Carrière à Nancy.* — *L'Intérieur du port de Marseille.* — *Vue de la place Dauphine.*

283. — de monuments et de diverses villes de la France (Blois, Bourges, Grenoble, Limoges, Lyon, Nevers, Orléans, Poitiers, Saumur, Tours, etc.). — 40 pièces des XVIIe et XVIIIe siècles de divers formats.

284. — de villes et de monuments de la France (Amboise, Bordeaux, Bourges, Brest, Calais, Chateaudun, Le Havre, Lyon, Mézières, Nice, Reims, Rouen, Sedan, Toulon, Verdun, etc., etc.). — 120 pièces modernes, gr. ou lithogr., de divers formats.

285. — et plans de divers Châteaux. — 22 pièces in-fol. et grand in-fol. gr. par Aveline, Hardouin, Mariette, etc.

Châteaux de *Clagny*, 7 pl. ; *Maisons*, 7 pl. ; *Meudon*, 5 pl. ; *Machine de Marly*, 2 pl. ; *Plan du château neuf de St-Germain.*

IV. CARTES ET PLANS

285 *bis*. Alsace. Cartes et plans de villes. — 60 pièces de divers formats, des XVIIe et XVIIIe siècles, en noir ou coloriées.

286. — Plans et vues de la ville de Strasbourg et de ses environs. — 20 pièces des XVIIe et XVIIIe siècles, de divers formats, en noir ou coloriées.

287. Artois et Flandre française. Cartes et plans de villes. — 94 pièces de divers formats, des XVIIe et XVIIIe siècles, en noir ou coloriées.

288. Champagne, Bourgogne et Franche-Comté. Cartes et plans de villes. — 40 pièces de divers formats, des XVIIe et XVIIIe siècles, en noir ou coloriées.

289. France. Cartes des XVIIe et XVIIIe siècles. — 22 cartes, la plupart de grands formats, sur 58 feuilles, en noir ou coloriées.

290. — Plans et descriptions des principales places de guerre et villes maritimes des frontières du Royaume... *A Paris, chez Julien*, 1750, 18 pl. in-fol. oblong avec plans et armes des villes.

291. Ile-de-France et Picardie. Cartes et plans de villes. — 39 pièces de divers formats, des XVIIe et XVIIIe siècles, en noir ou coloriées.

292. LANGUEDOC. Cartes et plans de villes. — 29 pièces de divers formats, des XVIIe et XVIIIe siècles, en noir ou coloriées.

293. — Le Canal Royal de Languedoc pour la jonction de l'Océan et de la mer Méditerranée. *A Paris, chez J.-B Nolin*, 1697, très grand in-fol. en largeur.

Très belle pièce, gravée et COLORIÉE, *ornée de 83 blasons renfermant les armes des députés aux Etats généraux de Languedoc*. Elle mesure 1 m. 50 sur 66 cent.

On a ajouté la carte du Canal royal de Languedoc depuis Capestang jusqu'à l'étang de Thau ; belle carte gr. par *Nic. Chalmandrier*, en 1774, et mesurant 263 cent. sur 55 cent. (déchirure à l'angle droit supérieur).

294. LORRAINE. Cartes et plans de villes. — 51 pièces de divers formats, des XVIIe et XVIIIe siècles, en noir ou coloriées.

295. LYON. — Description au naturel de la ville de Lyon et paisages alentour d'icelle, à l'eschelle de 150 toises de Roy, dédiée à Laurent Pianello de La Valette. *A Lyon, chez Froment, s. d. (vers 1694)*, pièce très grand in-fol.

Plan excessivement curieux et fort rare, gravé par *V. Guigou*. Il mesure 146 cent. sur 87 cent. et est accompagné de chaque côté d'une longue description imprimée de la ville.

296. LYONNAIS et Dauphiné. Cartes et plans de villes.— 19 pièces de divers formats, des XVIIe et XVIIIe siècles, en noir ou coloriées.

297. NORMANDIE et Bretagne. Cartes et plans de villes. — 34 pièces de divers formats, des XVIIe et XVIIIe siècles, en noir ou coloriées.

298. ORLÉANAIS, Touraine, Anjou, Poitou, Guyenne et Gascogne, etc. Cartes et plans de villes. — 44 pièces de divers formats, des XVIIe et XVIIIe siècles, en noir ou coloriées.

299. PARIS. *Plan de Paris*, commencé en 1734 sous les ordres de Turgot et achevé en 1739; levé et dessiné par Louis Bretez, gravé par Claude Lucas et écrit par Aubin. *Paris*, 1740, 20 feuilles grand in-fol.

Belles épreuves, doublées.

300. — Le Théâtre de la ville de Paris, dans ses différens âges et son agrandissement jusqu'à-présent, en huit plans, publiés par Mrs de La Marc et de Fer. *Amsterdam*, 1755. 8 feuilles grand in-fol.

Ces huit plans sont ceux qui manquent souvent au *Traité de la Police* de Nic. de La Mare.

301. — Paris, ses fauxbourgs et ses environs, où se trouve le détail des villages, maisons, grands chemins pavez et autres, des hauteurs, bois, vignes, terres et prez, levez géométriquement par le Sr Roussel, revu et augmenté l'an IV de la Répu-

blique française. (*Paris*, 1796), in-fol. max. gr. en taille-douce et monté sur toile.

Très beau plan dressé vers 1730 et mis à jour en 1796. Il mesure 180 cent. sur 132 cent.

302. Paris. — Plans de Paris et cartes des environs. — 40 pièces du XVIIIe siècle, la plupart de format grand in-folio, en noir ou coloriées.

Intéressante réunion de plans gravés par Gaspard de Baillieul, Crépy, Delagrive, de Fer, J.-B. Homann, Guillaume de L'Isle, Tardieu, etc., etc.

303. — Plans de Paris et de diverses villes de France. — 60 pièces de divers formats, de la première moitié du XIXe siècle, dont plusieurs avec vues de monuments sur les côtés.

304. — Environs de Paris, levés géométriquement par M. l'abbé de La Grive... *Paris*, 1740. 9 feuilles très grand in-fol. en largeur.

305. Provence. Comtat-Venaissin, etc. Cartes et plans de villes. — 44 pièces de divers formats, des XVIIe et XVIIIe siècles, en noir ou coloriées.

---

306. Cartes généalogiques de la monarchie française, de la maison de Lorraine, des souverains de l'Europe ; cartes des gouvernements civil, ecclésiastique, militaire, etc. — 10 pièces grand in-fol. de la fin du XVIIe siècle, la plupart avec blasons gravés.

LIVRES ANCIENS ET MODERNES

307. Les Quatre Livres des Rois, traduits en français du XIIe siècle, suivis d'un fragment de moralités sur Job et d'un choix de sermons de saint Bernard, publiés par M. Le Roux de Lincy. *Paris, Imprimerie royale*, 1841, in-4, 2 fac-similés en chromolithogr. mar. r. à long grain, dos orné, fil. comp. et encadrement de dent. doublé et gardes de moire bleue, dent. tr. dor. (*Rel. de l'époque.*)

De la *Collection de Documents inédits sur l'Histoire de France*.
Exemplaire sur grand papier vélin, au chiffre couronné du Roi Louis-Philippe Ier. — Reliure très fraîche.

308. L'Office de la Semaine Sainte, selon le Messel et bréviaire romain... de la traduction de M. de Marolles, abbé de

Villeloin. Ensemble l'explication des Sacrez Mystères représentez par les cérémonies de cet ordre, par Fr. Daniel de Cigongne, de l'ordre de Saint François. *Paris*, 1700, in-8, planches sur cuivre, mar. r. dos orné, riches comp. d'entrelacs avec dorures à petits fers et au pointillé, tr. dor. (*Rel. anc.*)

Curieuse et riche reliure, exécutée pour Philippe d'Orléans, *Régent de France*, dont elle porte le chiffre six fois répété sur le dos.

Elle est ornée sur les plats, au milieu des entrelacs et des petits fers, de huit têtes d'hommes dorées en plein, et sa décoration filigranée rappelle celle inventée par Florimond Badier. (Voir : Thoinan, *Les Relieurs français*, pp. 158 à 160 et 194 à 199.)

309. Lettre provinciales et Pensées, par Blaise Pascal. Nouvelle édition, augmentée : 1° d'un examen des Lettres provinciales et des sources de la perfection du style de Pascal : 2° d'une Introduction aux Pensées, par M. le comte François de Neufchâteau ; 3° d'une nouvelle table analytique des Pensées. *Paris, Lefèvre*, 1821, 2 vol. in-8. v. olive, dos orné, dent. et milieu à froid, tr. dor. (*Thouvenin.*)

310. Œuvres du Père Bourdaloue, de la Compagnie de Jésus (publiées par le P. Fr. Bretonneau). *Paris, Rigaud, Cailleau*. 1707-1734, 16 vol. in-8, portr. gr. par Simonneau, mar. r. dos orné, fil. et comp. à la Du Seuil, dent. int. tr. dor. (*Petit. succ*[r] *de Simier.*)

Belle édition dont on ne trouve pas facilement les exemplaires complets. — Il ne manque au nôtre que 2 des feuillets préliminaires du premier volume des *Exhortations et Instructions chrestiennes* (tome XII).

311. De la Vraie Sagesse, pour servir de suite à l'Imitation de Jésus-Christ, par Thomas A-Kempis. Opuscules rédigés en un nouvel ordre de livres et de chapitres, suivis des consolations de la vraie sagesse dans les derniers momens d'une jeune mère chrétienne, par M. Jauffret. *Metz, Collignon*, 1823. in-12. figure gr. par Dissard, mar. vert à long grain. dos orné et fleurdelisé, fil. et dent. dor. comp. à froid, dent. int. fleurdelisée, doublé et gardes de moire rose, tr. dor. (*Dupanil.*)

Exemplaire aux armes de la duchesse de Berry, avec son *ex-libris*. — Reliure très fraîche.

Quelques taches de rousseur.

---

312. Loix (et Dialogues) de Platon par le traducteur de la République (l'abbé J. Grou). *Amsterdam, Rey*, 1769-1770, 4 vol. in-8, portr. sur les titres, mar. r. à long grain, dos orné, dent. tr. dor. (*Bozérian jeune.*)

Bel exemplaire sur grand papier fin, provenant de la bibliothèque de Pixerécourt.

313. Essais historiques sur les loix, traduits de l'anglois (de lord Kaims), par M. Bouchaud, avec des notes et une dissertation du traducteur. *Paris, Vente*, 1766, in-12, titre-front. dessiné et gravé par Moreau, mar. r. dos orné, fil. doublé et gardes de papier étoilé d'or, tr. dor. (*Rel. anc.*)

314. Les Constitutions du monastère de Port Royal du S. Sacrement. *Mons, Gaspard Migeot (à la Sphère)*, 1665, pet. in-12, mar. bleu à long grain, dos orné, fil. dent. tr. dor. (*Simier.*)

Véritable elzevier imprimé à Amsterdam par Daniel (*Willems*, n° 1353.) Jolie reliure. — Le feuillet d'errata est intercalé entre les pages 384 et 385. — Petite tache au titre.

---

315. Œuvres complètes d'Helvétius (publiées par l'abbé Lefebvre de La Roche). *Paris, P. Didot l'aîné, an III*, 1795. 14 vol. in-18, v. brun, dos orné, fil. dor. dent. et ornements d'architecture à froid, tr. dor. (*Rel. romantique.*)

Exemplaire sur GRAND PAPIER VÉLIN. — Très jolie reliure *à la cathédrale*.

316. Œuvres complètes (et Œuvres posthumes) de Vauvenargues, précédées d'une notice sur sa vie et ses ouvrages, et accompagnées des notes de Voltaire, Morellet et Suard. *Paris, Brière*, 1821, 3 vol. gr. in-8, demi-rel. cuir de R. dos orné, non rog. (*Héring.*)

Exemplaire sur GRAND PAPIER VÉLIN auquel on a ajouté 13 portraits, la plupart gravés par Saint-Aubin : Marmontel, La Fontaine, Molière, Chaulieu, P. Corneille, Racine, Quinault, Fénelon, La Bruyère, Amelot, Pierre Charron et Louis XV.
Taches de rousseur.

317. Les Caractères de Théophraste traduits du grec, avec les Caractères ou les mœurs de ce siècle (par La Bruyère). Neuvième édition, revûë et corrigée. *Paris, Estienne Michallet, M. DC. CXVI (pour* 1696), in-12, mar. r. dos orné à petits fers, fil. et comp. à la Du Seuil, dent. int. tr. dor. (*Lortic.*)

NEUVIÈME ET DERNIÈRE ÉDITION ORIGINALE, présentant le texte définitif de La Bruyère.
Bel exemplaire.

318. Traité des Diamants et des Perles, où l'on considère leur importance, on établit des règles certaines pour en connoître la juste valeur, et l'on donne la vraie méthode de les tailler, par David Jeffries. *Paris, Debure*, 1753, in-8, en-tête de Cochin, 10 pl. gr. cuir de R. dos orné, fil. dorés, dent. comp. et milieu à froid, tr. dor. (*Ginain.*)

319. Métamorphoses naturelles, ou Histoire des insectes observée très exactement suivant leur nature et leur proprietez, avec les figures en taille-douce gravées d'après nature, par Jean Goe-

dart. *La Haye, Moetjens,* 1700, 3 vol. pet. in-8, portr. front. à chaque vol. et nombr. pl. gr. mar. bleu à long grain, dos orné, encadrement de 5 fil. avec ornements aux angles, tr. dor. *(Ginain.)*

Jolie reliure de la période romantique et d'une fraîcheur remarquable.

320. ICONOLOGIE PAR FIGURES, ou Traité complet des allégories, emblèmes, etc. Ouvrage utile aux artistes, aux amateurs, et pouvant servir à l'éducation des jeunes personnes, par MM. Gravelot et Cochin. *Paris, Lattré, graveur, s. d.,* 4 vol. in-12, titres, portraits de Cochin et de Gravelot et 200 fig. de Gravelot et Cochin (sur 204), demi-rel. cuir de R. avec coins, dos orné, fil. tête dor. non rog. *(Isidore Deforge.)*

Exemplaire NON ROGNÉ, SUR PAPIER FORT, avec les figures AVANT LA LETTRE. — Incomplet de 2 planches.

321. Aviceptologie française, ou Traité général de toutes les ruses dont on peut se servir pour prendre les oiseaux qui sont en France, avec une collection considérable de figures et de pièges nouveaux propres à différentes chasses, par M. B*** (P. Bulliard). *Paris, Cussac, an III* (1795), in-12, front. et 34 pl. mar. vert, fil. à fr. dent. int. tête dor. non rog. *(Petit, succ^r de Simier.)*

Exemplaire NON ROGNÉ, relié sur brochure, aux armes de M. W. HOPE.

322. Le Chasseur conteur, ou les Chroniques de la chasse contenant des histoires, des contes, des anecdotes, et par-ci, par-là, quelques hâbleries sur la chasse, depuis Charlemagne jusqu'à nos jours, par Elzéar Blaze. *Paris, Tresse,* 1840, in-8, mar. r. dos orné, fil. dent. int. tr. dor. *(Capé.)*

ÉDITION ORIGINALE, rare.

---

323. Oraisons funèbres de Bossuet, Fléchier, et autres orateurs, avec un discours préliminaire et des notices, par M. Dussault (et M. Théry). *Paris, Janet,* 1820-26, 4 vol. in-8, 24 portr. et 12 fig. de Desenne, Devéria, Fragonard et Vernet, v. r. dos orné, fil. et comp. dorés, dent. et milieu à froid, dent. int. tr. dor. *(Bonnaud.)*

Curieuse reliure de l'époque. — Quelques piqûres d'humidité.

324. Fabliaux ou Contes du XIIe et du XIIIe siècle, fables et romans du XIIIe, traduits ou extraits d'après plusieurs manuscrits du tems, avec des notes historiques et critiques, et les imitations qui ont été faites de ces contes depuis leur origine jusqu'à nos jours. Nouvelle édition augmentée d'une disser-

lation sur les troubadours, par M. Le Grand. *Paris, Onfroy*, 1781. 5 vol. in-12, mar. citron, dos orné, fil. dent. sur les plats et dent. int. tr. dor. (*Bradel-Derome.*)

325. Fables de La Fontaine. *Paris, P. Didot l'aîné*, 1813, 2 vol. in-12, mar. vert, fil. à fr. dent. int. tr. dor. (*Duru, 1853.*)

De la *Collection des meilleurs ouvrages de la langue françoise, dédiée aux amateurs de l'art typographique.*
Bel exemplaire sur PAPIER VÉLIN, relié sur brochure.

326. Œuvres de J.-B. Rousseau. Nouvelle édition, avec un commentaire historique et littéraire, précédé d'un nouvel essai sur la vie et les écrits de l'auteur (par J.-J. Amar). *Paris, Lefèvre*, 1820, 5 vol. in-8, portr. par Aved gr. par Delvaux, v. f. dos orné, fil. noirs et dent. à froid, tr. marb. (*Thouvenin.*)

Petites taches de rousseur.

327. Le Mérite des femmes et autres poésies, par Gabriel Legouvé. *Paris, Renouard*, 1813, in-12, 3 fig. de Moreau et Guérin, mar. r. à long grain, dos orné à petits fers et au pointillé, fil. dent. tr. dor. (*Bozérian jeune.*)

Bel exemplaire sur PAPIER VÉLIN auquel on a ajouté une figure gravée sur bois représentant un tombeau.

328. Œuvres complètes de Molière, avec les notes de tous les commentateurs. Edition publiée par L. Aimé-Martin. *Paris, Lefèvre*, 1824-1826, 8 vol. portr. et 18 fig. de Desenne gr. — Histoire de la vie et des ouvrages de Molière, par Jules Taschereau. *Paris, Brissot-Thivars*, 1828. — Ens. 9 vol. gr. in-8, fig. de Desenne, mar. r. à long grain, dos orné, non rog. (*Rel. de l'époque.*)

Exemplaire NON ROGNÉ, SUR PAPIER CAVALIER VÉLIN, avec les figures *avec la lettre grise.*
Quelques taches de rousseur.

329. Œuvres complètes de J. Racine, avec les notes de tous les commentateurs. Edition publiée par L. Aimé-Martin. *Paris, Lefèvre*, 1820. 6 vol. gr. in-8, front. de Prudhon, 12 fig. de Chaudet, Desenne, Gérard, etc., demi-rel. mar. vert à long grain, dos orné, non rog. (*Thouvenin jeune.*)

Exemplaire NON ROGNÉ, SUR GRAND PAPIER VÉLIN.

330. Histoire de Gil Blas de Santillane, par Le Sage, avec des notes historiques et littéraires, par M. le comte François de Neufchâteau (et une notice sur Le Sage, par M. Patin). *Paris, Lefèvre*, 1825, 3 vol. gr. in-8, portrait, demi-rel. v. olive, dos orné, non rog. (*Ledoux.*)

De la *Collection des classiques françois.*
Exemplaire SUR PAPIER CAVALIER VÉLIN, auquel on a ajouté la suite des 24 figures de Smirke, de l'édition de Londres 1822, épreuves *avec la lettre grise.* — Taches de rousseur.

331. Voyages de Gulliver dans les contrées lointaines, par Swift. Edition illustrée par Grandville. Traduction nouvelle. *Paris, Fournier et Furne*, 1838, 2 vol. in-8, front. sur Chine volant et nombr. fig. gr. sur bois, mar. bleu jans. encadrement de 7 fil. à l'int. non rog. couvertures. (*Chambolle-Duru.*)

PREMIER TIRAGE.
Bel exemplaire NON ROGNÉ, avec les *couvertures conservées.*

332. Les Trente-cinq Contes d'un perroquet, ouvrage publié à Calcutta, en persan et en anglais, traduit sur la version anglaise (de M. Gerrant), par Mme Marie d'Heures (Mme Clotilde-Marie Collin de Plancy). *Paris, Mongie*, 1826, in-8, titre-front. gr. en noir et bleu, v. violet, dos orné, encadrement de 5 fil. dor. et dent. à froid, tr. marb. (*Purgold.*)

333. LETTRES DE MADAME DE SÉVIGNÉ, de sa famille et de ses amis. Edition ornée de vingt-cinq portraits dessinés par Devéria, augmentée de plusieurs lettres inédites.., et de notes géographiques, historiques, politiques, critiques et de mœurs, par M. Gault-de-Saint-Germain. *Paris, Dalibon*, 1823, 12 vol. gr. in-8, 25 portr. demi-rel. mar. violet à long grain avec coins, dos orné, fil. tête dor. non rog.

Bel exemplaire sur GRAND PAPIER VÉLIN avec les portraits en triple état : AVANT LA LETTRE sur blanc, AVANT LA LETTRE sur CHINE et EAUX-FORTES. — On y a ajouté dix portraits divers par Saint-Aubin, A. Johannot, Devéria et autres.
Taches de rousseur.

334. Œuvres choisies de Bossuet. *Paris, Delestre-Boulage*, 1821-1823, 21 vol. in-8. portr. par Saint-Aubin, v. brun clair, dos orné, fil. dor. dent. et milieu à froid, tr. marb. (*Rel. de l'époque.*)

Bel exemplaire.

---

335. Voyage pittoresque dans les quatre parties du Monde, ou troisième édition de l'Encyclopédie de Voyages, contenant les Costumes des principaux peuples de l'Europe, de l'Asie, de l'Afrique, de l'Amérique et des sauvages de la mer du Sud, gravés et coloriés avec soin, accompagnés de six cartes géographiques ; suivis d'un précis historique sur les mœurs de chaque peuple, par J. Grasset Saint-Sauveur. *Paris, veuve Hocquart*, 1806, 2 tomes en 27 livraisons in-4, front. pl. et cartes, *non rog.*

Exemplaire de souscription, bien complet, illustré de 4 frontispices, 156 planches contenant 312 sujets et 6 cartes, le tout gravé et COLORIÉ, avec les couvertures des livraisons.

336. Promenade de Dieppe aux montagnes d'Ecosse, par Charles Nodier. *Paris, Barba*, 1821, in-12, figure et 2 pl. d'histoire naturelle en couleur, carte, mar. vert à long grain, dos orné, fil. dor. dent. à froid, tr. dor. (*Simier*.)

Exemplaire aux armes de la DUCHESSE DE BERRY et avec son *ex-libris*. — Reliure très fraîche.

337. Lettres sur la Sicile, écrites pendant l'été de 1805, par le marquis de Foresta. *Paris, Pillet*, 1821, 2 vol. in-8, mar. r. à long grain, dos orné, fil. tr. dor. (*Rel. de l'époque*.)

Exemplaire aux armes du Roi LOUIS XVIII et portant l'*ex-libris* de la DUCHESSE DE BERRY.

338. (Routes de France :) Direction générale des Ponts et Chaussées et des Mines. Recueil de documents statistiques. Tome I. Routes royales ; Routes départementales. *Paris, Impr. Royale*, 1837, in-4, mar. r. dos orné, large et bel encadrement doré et comp. à fr. doublé et gardes de moire bleue, dent. tr. dor. (*Rel. de l'époque*.)

Exemplaire sur PAPIER VÉLIN FORT portant sur les plats de la reliure le chiffre couronné de LOUIS D'ORLÉANS, DUC DE NEMOURS, second fils du Roi Louis-Philippe. — Reliure très fraîche.

339. Traité historique des Monnoyes de France, avec leurs figures, depuis le commencement de la Monarchie jusqu'à présent ; augmenté d'une dissertation historique sur quelques monnoyes de Charlemagne, de Louis le Débonnaire, de Lothaire et de leurs successeurs, frappées dans Rome ; par M. Le Blanc. *Sur l'imprimé à Paris, Amsterdam, Pierre Mortier*, 1692, 2 parties en 1 vol. in-4, front. et nombr. pl. de monnaies, mar. brun à long grain, dos orné, encadrement de 4 fil. dent. int. tr. dor. (*Garnier*.)

Exemplaire sur GRAND PAPIER recouvert d'une reliure de l'époque romantique. — Quelques petites mouillures.

340. Captivité du Roi François Ier, par M. Aimé Champollion-Figeac. *Paris, Impr. Royale*, 1847, fort vol. in-4, mar. r. à long grain, dos orné, fil. comp. et encadrement de dent. doublé et gardes de moire bleue, dent. tr. dor. (*Rel. de l'époque*.)

De la *Collection de Documents inédits sur l'histoire de France*.
Bel exemplaire sur GRAND PAPIER VÉLIN, portant sur les plats de la reliure le chiffre couronné de LOUIS-PHILIPPE D'ORLÉANS, COMTE DE PARIS, alors âgé de neuf ans. — Reliure très fraîche.

341. Négociations, lettres et pièces diverses relatives au règne de François II, tirées du portefeuille de Sébastien de l'Aubespine, évêque de Limoges, par Louis Paris. *Paris, Imprimerie Royale*, 1841, in-4, fac-similé, mar. r. à long grain, dos orné, fil.

comp. et encadrement de dent. doublé et gardes de moire bleue, dent. tr. dor. (*Rel. de l'époque.*)

De la *Collection de Documents inédits sur l'histoire de France.*
Exemplaire sur GRAND PAPIER VÉLIN, au chiffre couronné du Roi LOUIS PHILIPPE Ier. — Reliure très fraîche.

342. SATYRE MENIPPÉE de la vertu du catholicon d'Espagne et de la tenue des estats de Paris ; augmentée de notes tirées des éditions du Du Puy et de Le Duchat par M. Verger, et d'un commentaire historique, littéraire et philologique, par Ch. Nodier... *Paris, Delangle et Dalibon*, 1824, 2 vol. gr. in-8, pl. gr. mar. r. dos orné, fil. dent. int. tr. dor. (*E. Niedrée*, 1847.)

Bel exemplaire sur GRAND PAPIER avec les figures AVANT LA LETTRE sur CHINE ; il provient de la bibliothèque de M. GUYOT DE VILLENEUVE. — On a ajouté au tome II les EAUX-FORTES de trois figures.

343. Paris sous Philippe-le-Bel, d'après des documents originaux, et notamment d'après un manuscrit contenant le rôle de la taille imposée sur les habitants de Paris en 1292, publié pour la première fois, par H. Géraud. *Paris, Crapelet*, 1837, in-4, 2 plans lithogr. sur Chine, mar. r. à long grain, dos orné, fil. comp. formés d'un losange et d'un rectangle entrelacés, doublé et gardes de moire bleue, dent. tr. dor. (*Rel. de l'époque.*)

De la *Collection de Documents inédits sur l'Histoire de France.*
Exemplaire sur PAPIER VÉLIN FIN, au chiffre couronné du Roi LOUIS-PHILIPPE Ier. — Jolie et très fraîche reliure.

344. Versailles ancien et moderne, par le Comte Alexandre de Laborde. *Paris, Impr. Schneider et Legrand*, 1841, gr. in-8, front. carte et nombr. fig. gr. v. bleu, dos orné, fil. dent. int. tr. dor. (*Capé.*)

PREMIER TIRAGE.

345. Picturesque Views of the principal Seats of the Nobility and Gentry in England and Wales, by the most eminent British artists, with a description of each seat. *London, Harrisson, s. d.* (1786-1788), in-4 obl. titre-front. et pl. gr. v. ant. racine, dos orné, dent.

Ce Recueil rare, et qui fait suite à celui de William Watts, comprend 1 titre-frontispice et 100 planches gravées, avec autant de feuillets d'explication et une table alphabétique.

346. VIEWS OF LONDON. *Londres, Hurst, Robinson and C°*, 1825, pet. in-4, mar. bleu, dos et plats ornés de comp. dorés et à fr. dent. int. tr. dorée et ciselée. (*Rel. de l'époque.*)

Recueil de 40 vues par Westall, Dewint, etc., très finement gravées par Ch. Heat et accompagnées chacune d'une notice imprimée occupant le r° d'un fol. ; le tout est tiré sur GRAND PAPIER. — La reliure est très belle et très fraîche.

347. Mémoires sur l'ancienne Chevalerie, considérée comme un établissement politique et militaire, par M. de La Curne de Sainte-Palaye. *Paris, Duchesne*, 1759-1781, 3 vol. in-12, mar. r. dos orné, fil. tr. dor. (*Rel. anc.*)

Exemplaire aux armes d'une DUCHESSE DE LA TRÉMOILLE.
Le tome III ayant été publié vingt-deux ans après les deux premiers est de reliure plus moderne et ne porte pas d'armoiries.

348. ÉLÉMENTS DE PALÉOGRAPHIE, par M. Natalis de Wailly. *Paris, Imprimerie Royale*, 1838, 2 forts vol. gr. in-4, 17 pl. de fac-similés et 20 pl. de sceaux sur Chine, mar. r. à long grain, dos orné, fil. comp. et encadrement de dent. doublé et gardes de moire bleue, dent. tr. dor. (*Rel. de l'époque.*)

De la *Collection de Documents inédits sur l'histoire de France.*
Bel exemplaire SUR GRAND PAPIER VÉLIN, portant sur les plats de la reliure le chiffre couronné du Roi LOUIS-PHILIPPE Ier. — Reliure très fraîche.

349. Philobiblion, excellent traité sur l'amour des livres, par Richard de Bury, traduit pour la première fois en français, précédé d'une introduction et suivi du texte latin revu sur les anciennes éditions et les manuscrits de la Bibliothèque impériale, par Hipolyte Cocheris. *Paris, Aubry*, 1856, in-12, pap. vergé, mar. brun, fil. comp. semis de fleurs de lis et de lions à froid sur le dos et les plats, dent. int. tr. dor. et ciselée. (*Thompson.*)

De la collection du *Trésor des pièces rares ou inédites.*
Exemplaire auquel on a joint les faux titre, titre et dédidace en triple état : SUR PAPIER BLEU, SUR PAPIER VÉLIN et sur papier vergé.

350. Ephémérides politiques, littéraires et religieuses, présentant pour chacun des jours de l'année, un tableau des événemens remarquables qui datent de ce même jour dans l'histoire de tous les siècles et de tous les pays, jusqu'au 1er janvier 1812 (par Noël et Planche). Troisième édition, revue, corrigée et considérablement augmentée. *Paris, Le Normant*, 1812, 12 vol. in-8, mar. violet à long grain, dos orné, fil. dor. et comp. à froid, doublé et gardes de moire cerise, tr. dor. (*Rel. de l'époque.*)

Exemplaire aux armes de la DUCHESSE DE BERRY avec son *ex-libris*, recouvert d'une reliure très fraîche.

---

351. Reliure in-4, en maroquin rouge à long grain, dos orné, double encadrem. de filets avec ornements et grand milieu dorés, doublé et gardes de moire bleue, dent. (*Rel. de l'époque romantique.*)

Reliure très fraîche portant sur les plats le chiffre couronné de FERDINAND-PHILIPPE D'ORLÉANS, fils aîné du Roi Louis-Philippe Ier.
Hauteur : 300 mill. ; largeur 232 mill.

Tours, Imp. Tourangelle, 20-22, rue de la Préfecture.

TABLE DES DIVISIONS

N° 1124

www.ingramcontent.com/pod-product-compliance
Ingram Content Group UK Ltd.
Pitfield, Milton Keynes, MK11 3LW, UK
UKHW020452180726
13839UKWH00004B/1782

9 782329 490205